AF144176

Dominique Fortier

Städte aus Papier

Dominique Fortier

Städte aus Papier

Vom Leben der Emily Dickinson

Aus dem Französischen
von Bettina Bach

Luchterhand

Für Fred und Zoé – mein Zuhause

To make a prairie it takes a clover and one bee,
One clover, and a bee,
And revery.
The revery alone will do,
If bees are few.

Emily Dickinson

Emily

Emily ist eine aus weißem Holz erbaute Stadt, versteckt zwischen Feldern mit Hafer und Klee. Die Häuser sind quadratisch, haben spitze Dächer, blaue Fensterläden, die gegen Abend geschlossen werden, und Schornsteine, in die sich manchmal ein Vogel verirrt; dann flattert er, völlig verzweifelt, mit rußgeschwärzten Flügeln durch alle Zimmer. Statt ihn zu verscheuchen, sollte man ihn lieber bei sich aufnehmen, um sein Lied zu lernen.

In der Stadt gibt es viel mehr Gärten als Kirchen, und die Kirchen sind immer verlassen. In ihrem stillen Schatten wachsen Glockenblumen und Pilze. Die Einwohner verständigen sich durch Zeichen, weil aber jeder seine eigenen benutzt, verstehen sie einander kaum und gehen sich lieber aus dem Weg.

In der kalten Jahreszeit hüllt Emily sich in Schnee, dann kommen die gelehrten Meisen und kritzeln mit ihren zarten Füßchen weiße Gedichte hinein.

Amherst

Amherst, Massachusetts, ist eine Stadt – eher ein Dorf – außerhalb von Raum und Zeit.

Als Emily geboren wird, im Jahr 1830, hat Amherst 2631 Einwohner. Chicago gibt es noch nicht. 1890, vier Jahre nach Emilys Tod, leben 1099850 Menschen in Chicago, in Amherst dagegen nicht einmal 5000 Seelen – minus eine.

Kultivierte Menschen leben dort, eine Generation angesehener Dickinsons folgt auf die nächste. Der Ort ist nach Jeffrey Amherst benannt, dem ersten Baron dieses Namens, eben dem, der im Siebenjährigen Krieg vorschlägt, den »Wilden«, dieser verabscheuenswerten Spezies, Decken zu schenken, die vorher Pockenkranken gehört haben, um sie schnellstmöglich auszurotten.

Man hätte einen besseren Namen wählen können.

Bei der heutigen Bilderflut können wir uns kaum vorstellen, dass es von ihr, einer der bedeutendsten Dichterinnen ihres Landes, nur ein Foto geben soll, aufgenommen im Alter von sechzehn Jahren. Auf diesem berühmten Porträt ist sie schlank und blass, hat ein dunkles Samtband um den langen Hals, man liest eine ruhige Aufmerksamkeit in ihren weit auseinanderstehenden schwarzen Augen, um die Lippen liegt der Anflug eines Lächelns. Ihr in der Mitte gescheiteltes Haar ist straff nach hinten gebunden. Sie trägt ein schlichtes, gestreiftes Kleid mit hellem Kragen, geraffter Taille, und hält etwas, vielleicht einen kleinen Blumenstrauß, in der linken Hand. Auf dem Tisch neben ihr liegt ein Buch, den Titel kann man nicht sehen. Ein anderes Foto von ihr, das sie jünger oder älter, an einem anderen Ort oder im Stehen darstellt, gibt es nicht – es sei denn, es wäre verschwunden, vernichtet worden. Sie hat keine Beine, wird nie welche haben.

Für immer und ewig wird sie nur dieses Gesicht sein. Diese Maske.

Emily Dickinson ist eine weiße Leinwand, ein unbeschriebenes Blatt. Hätte sie am Ende ihres Lebens nur Blau getragen, gäbe es nichts über sie zu sagen.

Mit fünf Jahren reist die kleine Emily Elizabeth für ein paar Tage zu ihrer Tante nach Boston. Unterwegs gerät ihr Wagen in ein heftiges Unwetter. Blitze zerreißen den schwarzen Himmel, Regen prasselt gegen die Scheiben wie kleine Kieselsteine. Die Tante drückt das Kind an sich, will es beruhigen. Aber die Kleine hat keine Angst. Sie beugt sich fasziniert vor, drückt die Stirn an die kalte Scheibe und flüstert: »Feuer.«

Die Fenster im Haus ihrer Tante sind so weit oben, dass sie selbst auf Zehenspitzen nur ein Stück weißen Himmels sieht. Sie klettert aufs Bett, um unten auf die Straße zu schauen, zu den Zwillingsbäumen auf der anderen Seite, den Menschen, die über den Fußweg eilen.

Vorsichtig springt sie erst ein Mal hoch, dann ein zweites und ein drittes Mal, immer höher, auf der Gänsedaunendecke, die weich unter ihrem Gewicht nachgibt. Die Straße hüpft im selben Rhythmus wie sie, zusammen mit den kleinen Gestalten darauf, wie Zinnsoldaten, die in einer Schachtel geschüttelt werden.

»Elizabeth!«

Die Tante, in der Tür, sieht zornig aus. Sofort bleibt das Kind stehen, baut sich kerzengerade und fest auf seinen kurzen Beinen auf und sagt laut und deutlich:

»Ich möchte lieber Emily genannt werden.«

Eine Wanderdrossel landet auf der Fensterbank, auf die Emily Brotkrümel gestreut hat. Ihr Bauch erinnert an die wunderbaren Apfelsinen, die am Weihnachtsabend die Socken am Kamin füllen.

Sie pickt ein Stück Brot, erzählt dann in einer Reihe von Trillern eine lange Vogelgeschichte. Es geht um Regenwürmer, eine flatterhafte Vogeldame, blaugrüne Eier in einem Nest, von denen eines mysteriöserweise verschwunden ist. Bebend hört Emily zu, mit schief gelegtem Kopf, glänzenden Augen. Sie nimmt einen Krümel zwischen Daumen und Zeigefinger, führt ihn zum Mund. Es ist ihr die liebste Mahlzeit an diesem Tag.

Wenn sie eine Sünde begeht, ist es jedes Mal dieselbe: Aus Naschsucht stibitzt sie ein wenig von dem Kuchen, der in der Küche abkühlt, oder steckt das verbotene Buch ein, das in Vaters Arbeitszimmer auf dem Regal vergessen wurde. Mutter lässt sich nicht hinters Licht führen und bestraft sie jedes Mal auf dieselbe Weise, sie schließt Emily in ihr Zimmer ein, ohne jede Ablenkung, wie Kinder sie gern mögen. Wenn sie sie wieder herauslässt, merkt sie ihrer Tochter keinerlei Reue an. Man muss Emily Dickinson nicht sonderlich gut kennen, um zu erahnen, dass es für sie keine Strafe ist, allein mit ihren Gedanken in der Stille eingeschlossen zu sein.

Wenn es ihr gelänge, einen Tag, einen einzigen, ohne Streich, böse Tat oder schlimmen Gedanken auszukommen, wäre dieser eine perfekte Tag die Wiedergutmachung für ihr ganzes Leben … Aber sie ist sich nicht einmal sicher, ob sie artig sein möchte. Die Gänseblümchen sind nicht artig, genauso wenig wie die Kanadagänse, die in einem großen V über den Himmel fliegen. Sie sind besser: wild wie Ackersenf, unausrottbar wie Unkraut.

Der Garten raschelt vom Geflüster der Blumen. Ein Veilchen kann es nicht fassen, dass es so zerrupft ist. Ein anderes klagt, weil die großen Sonnenblumen ihm das Licht wegnehmen. Ein drittes hat es auf die Blütenblätter seiner Nachbarin abgesehen. Zwei Pfingstrosen hecken einen Plan aus, um die Ameisen zu vertreiben. Eine lange, blasse Lilie hat kalte Füße, die Erde ist ihr zu feucht. Am schlimmsten sind die Rosen – verärgert über die Bienen, gestört vom grellen Licht, trunken von ihrem eigenen Duft.

Nur die Pusteblumen haben nichts auszusetzen, sie freuen sich einfach, dass es sie gibt.

Die Blumen, die die Kinder am Nachmittag gepflückt haben, liegen in einem Weidenkorb.
Vater nimmt ein Vergissmeinnicht zwischen die blassen Finger und erklärt in seinem Pastorenton: »Wenn
man sie aufbewahren will, müssen sie zuerst getrock-
net werden.«

Die Blume in Vaters Hand scheint bereits zu welken. Er legt sie ab und greift nach der *Encyclopædia
Britannica*, die von Band 1 bis Band 21 im mittleren
Regal der Bibliothek steht. Er schlägt den Band auf,
blättert vorsichtig darin.

»Nach wenigen Monaten haben die Seiten alle
Feuchtigkeit aufgesaugt, und ihr könnt die Pflanze
in euer Herbar kleben.«

Emily staunt im Stillen: Bücher trinken also das
Wasser der Blumen.

In dem dogmatischen Ton, den er anschlägt, wenn
er andere belehrt – also immer –, fährt Vater fort:

»Ich empfehle euch, ein bekanntes Datum als Sei-
tenzahl zu wählen, damit ihr euch erinnert, wo die
Blüte liegt. Den Beginn des Hundertjährigen Krie-
ges, zum Beispiel.«

Er wartet.

»1337«, wispern die Kinder im Chor.

Die beiden Ersteren greifen nach einem Buch, legen behutsam die Blütenblätter zwischen die Seiten

und murmeln leise vor sich hin: »Unabhängigkeits-
erklärung«, »Untergang des Römischen Reiches«,
»Jahr von Mutters Geburt«.

Allein Emily verteilt die Blumen scheinbar auf gut
Glück in dem Wörterbuch, das sie sich ausgesucht
hat. Mit hochgezogenen Augenbrauen beobachtet
Vater sie einen Moment.

»Wie willst du deine Blumen je wiederfinden,
wenn du sie willkürlich verteilst?«

Sie lächelt: »Ich finde sie schon.«

Monate später, als sie im tiefsten Winter in der Bibliothek die Blumen des Sommers pflücken, schlägt
sie, ohne zu zögern, das Wörterbuch auf. Während
ihre Geschwister Zahlen murmeln, spricht sie ein
Wort, ein einziges, wie eine Zauberformel: *Jasmin*,
und da ist er, der Jasmin.

Emily hat die Wörterbucheinträge illustriert.

Sie bringt Minze, Rosenblätter und Kamillenblü-
ten ins Haus, gibt sie der Mutter, damit die sie
zum Trocknen in der Küche aufhängt. Diese Pflanzen sollen nicht ins Herbar. Sie sollen im Winter getrunken werden.

In einem kleinen Beutel hebt sie die Samen auf, die
sie im Spätsommer den Vögeln stibitzt hat. Ihr zu-
künftiger Garten.

Mutter ist in der Küche, die Mädchen decken den Tisch fürs Abendessen. Vater sitzt schon. Am Kopfende, wie es sich gehört; er wartet. Lavinia verteilt das Besteck für alle Tage, Emily, hinter ihr, hält blauweiße Porzellanteller in der Hand.

»Ts«, macht ihr Vater, nachdem sie seinen Teller abgestellt hat.

»Ja, Vater?«

»Ich wüsste gern, warum ich immer diesen ange-schlagenen Teller bekomme.«

Emily macht kehrt, kneift die Augen zusammen. Es stimmt: dem Teller, den sie an seinen Platz gestellt hat, fehlt ein winziger Splitter, nicht größer als ein Nagelmöndchen.

»Entschuldigung«, sagt sie.

Sie nimmt den Teller, durchquert das Zimmer mit ruhigen Schritten, öffnet die Tür zum Garten. Ihr Blick fällt auf einen großen, flachen Stein. Sie lässt den Teller daraufallen, er zerspringt in tausend Scherben. Mit derselben Gelassenheit geht sie zurück, sagt: »Es wird nicht wieder vorkommen, versprochen.«

Er schweigt, sprachlos.

Sein Spiegelbild auf der blanken Tischplatte ist ge-nauso überrascht wie er. Die Porzellanscherben auf dem Rasen sehen aus wie die Überbleibsel einer un-tergegangenen Zivilisation.

E s hat geschneit!«
Austin ist als Erster aufgestanden. Er rennt in Emilys und Lavinias Zimmer, Lavinia stürzt ans Fenster: Der Garten ist ganz in Weiß gehüllt, Schneegirlanden hängen an den Bäumen.

Alle drei poltern die Treppe hinunter, ziehen ihre Stiefel an, Mäntel, Mützen, Schals und Handschuhe. Vater, am Fuß der Treppe, mustert sie. Er sagt nichts, sieht aber genauso missbilligend drein wie die Standuhr. Trotzdem können sich die drei Kinder kaum beruhigen.

Noch war niemand draußen: Sie setzen als Erste den Fuß in den Garten, dieses unbeschriebene Blatt, und zeichnen drei kleine, ineinander verschlungene Labyrinthe. Sie machen Schneebälle, die wie Mehlböller auf ihren dunklen Mänteln zerplatzen.

Atemlos legt sich Emily kurze Zeit später auf den Rücken. Sie schlägt mit den Armen, breitet die Beine aus und schließt sie wieder, um einen Schneeengel zu malen. Austin lässt sich zu ihrer Rechten fallen, Lavinia zu ihrer Linken; eine Schar von Engeln zeichnet sich im Schnee ab, wie eine Kette aus Papierpuppen.

Es schneit immer noch. Die Schneeflocken brennen, wenn sie auf ihren geröteten Wangen landen. Die Wimpern der Kinder sind weiß, als wären sie mit

Puderzucker bestäubt. Als die drei schließlich aufstehen, bleibt ihr Abdruck auf dem Boden zurück – kleine Liegefiguren aus Schnee.

*

Jahre später, als sie eines Morgens im Dezember zum Fenster hinausschaut, sieht Emily sie wieder, drei kleine Gespenster, neun, sieben und fünf Jahre alt. Diese Kinder sind nicht mehr, sie sind für immer verschwunden, als wären sie begraben. Jahre später, und sie bricht beim ersten Schnee in Tränen aus.

*

Auf einem von Otis Allen Bullard gemalten Porträt sehen die Kinder aus wie Variationen ein und derselben Person (der Mutter, des Vaters?), wie Erwachsene jedenfalls, die man auf kindliche Proportionen reduziert hatte: ernster Blick, lange Nase, mattes Lächeln. Sie sind austauschbar, außer dass Austin einen schwarzen Kinderanzug mit weißem Kragen trägt und die Mädchen beide ein Kleid mit spitzengesäumtem Ausschnitt (Seegrün für Lavinia, ein dunklerer Ton für Emily). Alle drei sehen aus, als hätten sie kurzes Haar und einen Seitenscheitel, aber vielleicht sind die Haare der Mädchen nur straff nach hinten gekämmt. Aus heutiger Sicht – vielleicht sogar aus damaliger – könnte man es für ein Bild zum

Andenken an drei kleine Tote halten oder für eines, das Jahre nach der Kindheit der Geschwister gemalt wurde und für das sie als Erwachsene Modell gestanden hatten.

Denn natürlich wissen wir, dass die Kinder überlebt haben, dass sie erwachsen geworden sind, dass einer sogar selbst Kinder bekommen hat. Vielleicht zeigt das Bild ja, dass erwachsen zu werden Kinder nicht vor dem Tod rettet.

In der Main Street gehen sie an dem eindrucksvollen Haus vorbei, das ihr Großvater Samuel gebaut hat.

»Hier bist du geboren«, sagt der Bruder zu seiner Schwester.

Sie weiß das. Alle sind in diesem Haus geboren. Sie muss sich beherrschen, um nicht zu sagen: »Und hier werde ich sterben.«

»Als Großvater es hat bauen lassen, war es das erste gemauerte Haus am Ort.«

Auch das weiß sie. Ihr ist nichts fremd, was dieses Haus angeht, wo sie die ersten zehn Jahre ihres Lebens verbracht hat, sogar nachdem – Schmach und Schande, Demütigung – Großvater es verlor und sie es mit der Familie dieses Kaufmannes, der es erwarb, teilen mussten. Auf der Westseite: Familie Dickinson. Im Osten: Familie Mack. Jedes Mal, wenn Emily einen Mack im Hausflur traf, zuckte sie zusammen, als wäre er ein Gespenst oder ein zum Fenster eingestiegener Eindringling. Was hatten diese Fremden in ihrem Haus zu suchen?

Sie erinnert sich noch an jedes Detail, das helle Parkett mit seinem Geruch nach Bohnerwachs, die Sonnenstrahlen, die zu den einen Spaltbreit geöffneten Fensterläden in Vaters Arbeitszimmer hereinfielen und die Goldlettern auf den Buchrücken zum

Leuchten brachten, das trübe Licht in dem kleinen Schuppen, wo sie mit Austin die Sahne vom Hals der Milchflaschen leckte, den kühlen, nach Rüben und Zwiebeln riechenden Keller, ihr helles Zimmer.

Sie weiß, dass dieses Haus wieder ihrs sein wird. Und so ist das. Im Jahr 1855 kauft Emilys Vater es zurück und zieht mit seiner Familie dort ein, der ab diesem Moment das ganze Haus gehört. Er lässt die Ziegel vanillegelb und die Fensterläden waldgrün streichen, nimmt ein paar Verschönerungsarbeiten vor, unter anderem lässt er ein Glashaus bauen, in dem Emily später seltene Pflanzen züchtet – ein weiterer Spleen von ihr, man könnte fast meinen, sie hätte es darauf angelegt.

Als sie mit fünfundzwanzig Jahren ins Homestead zurückkehrt, löscht sie mit einem Streich die fünfzehn vorangegangenen Jahre aus. Von Neuem im Haus ihrer Kindheit fasst sie den festen Entschluss, beides nie mehr zu verlassen – weder das Haus noch die Kindheit.

Als sie mit fünfundzwanzig Jahren ins Homestead zurückkehrt, denkt sie im Stillen, ihr liebstes Familienmitglied von allen sei vielleicht doch das Haus.

Das Haus, in dem Emily zwischen ihrem zehnten und ihrem fünfundzwanzigsten Lebensjahr wohnt, liegt in der Pleasant Street, dem Friedhof gegenüber. Mehrere Male im Monat zieht der Tod in einer Prozession an ihrem Fenster vorbei.

In der Nähe des Hauses, in einer Holzhütte, die zu klein ist für eine richtige Scheune oder einen richtigen Stall, halten sie eine Kuh mit langen Wimpern, Dorothy, die morgens und abends gemolken wird und die Familie mit Milch und Butter versorgt. In einem Verschlag neben der Kuh steht ein Brauner, Duke, den Vater vor den Wagen spannt, wenn er ausfährt. Die drei Hennen Gwen, Wren und Edwig, die jeden zweiten Tag ein Ei legen, gackern in einem kleinen Anbau zusammen mit Peck, dem Hahn, der mit Argusaugen über sie wacht. Sie haben sogar ein Schwein, aber das hat keinen Namen. Den ganzen Sommer über wird es mit Küchenabfällen gemästet, mit Schalen, Strünken, Essensresten, und im Herbst schneidet man ihm die Kehle durch und verarbeitet es zu Würstchen, Braten und Koteletts, die bis ins neue Jahr reichen.

Emily zieht eine Lehre daraus: dass es wichtig ist, den Dingen einen Namen zu geben.

❧

Seit Monaten lese ich die Gedichtbände und Briefe von Emily Dickinson aufs Neue, wälze die schlauen Werke, die ihr gewidmet sind, klicke mich durch die Webseiten, wo Fotos vom Homestead zu sehen sind, vom benachbarten Evergreens, von Amherst zur Zeit der Dickinsons. Bis jetzt gibt es Amherst für mich nur auf dem Papier. Ist es gut, wenn das so bleibt? Oder sollte ich, um besser schreiben zu können, die beiden in ein Museum verwandelten Häuser besuchen? Kurz gesagt: Ist es besser, sie so beschreiben zu können, wie sie in Wirklichkeit sind, oder frei zu sein, sie zu erfinden? Weshalb scheue ich vor der vierstündigen Autofahrt zurück? Seit wann habe ich Angst, mich in ein Buch hineinzubegeben? Je länger ich warte, desto weniger bleibt von den letzten Resten des Sommers. Bald werden nur noch getrocknete Stängel und verwelkte Blüten in Emilys Garten stehen. Aber vielleicht will der Garten ja so entdeckt werden und nicht an einem verschwenderisch üppigen Augusttag?

❧

An Weihnachten wie an allen anderen Tagen des Jahres behandelt Edward Dickinson seine Kinder mit – seiner Meinung nach – von Wohlwollen abgemilderter Strenge. Unter dem Tannenbaum, den sie mit Girlanden aus Puffmais, getrockneten Apfelringen und Schneeflocken aus weißem Papier geschmückt haben, liegt für jedes Kind ein Geschenk, eingewickelt in braunes Packpapier und zusammengehalten von einer Schnur, als hätte er es mit der Post verschicken wollen und es sich im letzten Moment anders überlegt.

Die Kinder treten eins nach dem anderen vor, dem Alter nach, und bekommen ihr Päckchen und dazu je eine Apfelsine und eine Zuckerstange. Die Geschenke passen zum Schenkenden: Kinder darf man nicht verwöhnen, findet Edward Dickinson, auch Mädchen nicht. Der Haushalt, in dem es kaum Puppen und Plüschtiere gibt, ist reich mit Büchern und Stichen ausgestattet.

Austin bekommt in diesem Jahr eine komplette Korrespondenz-Schatulle, gediegen und gut gearbeitet, elegant, ohne protzig zu sein: Federkiele, Federschneider, Tintenfässer, Briefpapier, Kuverts, Löschpapier, Schreibunterlage aus Leder. Prüfend betastet er die silbernen Schreibspitzen, wie ein Kind in einem anderen Haus die Spitzen der Bajonette seiner Zinnsoldaten.

Emily tritt vor, macht einen Knicks. Vater legt ihr wie zum Segen die Hand auf den Kopf. Mutter haucht ihr einen so zarten Kuss auf die Stirn, dass sie ihn kaum spürt. Sie nimmt ihr Geschenk entgegen, eine längliche Schachtel; darin ist eine Art Rohr, sie tastet es ab, wickelt es sorgsam aus, damit das Papier nicht reißt. Ein Zylinder, so lang wie zwei Hände, dessen Enden – das eine etwas weiter als das andere – in einen goldenen Ring gefasst sind.

»Ein Fernrohr!«

»Fast«, sagt ihr Vater.

»Schau rein«, schlägt Austin vor.

Zuerst sieht sie nur bunte Flecken, die keinen Sinn ergeben, danach setzen sich die Farben zu Fragmenten zusammen, überlagern sich wie durchsichtige Juwelen. Sie erkennt den ganzen Weihnachtsbaum darin, bloß zerteilt, und dann, als sie am Ring dreht, wirbeln die Stücke umeinander und setzen sich zu gleichermaßen vertrauten wie unwahrscheinlichen Bildern zusammen, die sich spiegeln, miteinander verschmelzen, sich umkehren und verdoppeln – als hätte sie das Haus zu Boden fallen lassen und versuche nun wie eine Besessene, es wieder zusammenzukleben, indem sie die Bruchstücke in alle Richtungen wirbelt.

Emily nimmt das Auge vom Rohr, ihr ist schwindlig. Dieses Instrument bedient sich der Welt, wie sie ist, und macht sie unkenntlich. Während Lavinia ein hübsches Nähkästchen auspackt, sagt Emily etwas sehr Seltsames: »Ich habe doch schon so viele Bücher …«

»Aber Emily, das ist doch kein Buch!«, antwortet ihre Mutter.

Wie soll sie ihr erklären, dass es kein Buch ist, natürlich nicht, aber auch kein Nicht-Buch?

Nur Austin weiß, was sie meint, und zwinkert ihr zu. Diese beiden verstehen sich ohne viele Worte. Den ersten Brief, den er mit seiner neuen Korrespondenz-Schatulle schreibt, richtet er an Emily, *Dear Lady of the House*, während sie, ihr Kaleidoskop fest am Auge, durch alle Zimmer streift, um eins nach dem anderen auseinanderzunehmen: die Küche, den Salon, das Esszimmer, ihr eigenes Zimmer schließlich. Sie zerlegt sie in tausend Teile, die in ihren Fingern umeinander kreisen.

*

In Emilys Bücherschrank stehen die Bände in Reih und Glied wie Soldaten in Habtachtstellung. In einem Buch sind Vögel, im nächsten Muscheln. Wenn man ein drittes aufschlägt, findet man darin das ganze Sonnensystem: Merkur, Venus, die Erde, Mars, Jupiter, Saturn und Uranus. Dann ist da noch Shakespeares Gesamtwerk. Die Bibel, die nichts als die Wahrheit enthält.

All das ist in ihrem Zimmer und vieles andere mehr, denn bisher war nicht die Rede von den Heften mit den unbeschriebenen Seiten, die warten auf das, was es noch nicht gibt – die Vögel, Bäume und Planeten, die ihren Kopf bevölkern, diese andere Geheimkammer.

Emily geht an die *Amherst Academy*, eine von ihrem prominenten Großvater gegründete Schule, wo ihr Vater Schatzmeister ist. In Amherst werden kaum Geschäfte getätigt, kaum Handel geschlossen, an denen Edward Dickinson nicht beteiligt ist; sein Einfluss reicht über die Grenzen des Bundesstaates hinaus, später wird er in den amerikanischen Kongress gewählt. Etliche Jahre zuvor hatte der Großvater sogar einen Sitz im Senat. Selbstverständlich tritt Austin in ihre Fußstapfen, erst an der *Academy*, dann an der juristischen Fakultät der Harvard University.

Und die Frauen in der Familie? Über Emily Norcross, Emilys Mutter, sagt man, sie habe einen grünen Daumen. Und über Lavinia, sie könne hübsch sticken. Emily, die Tochter, hat anscheinend die Begabung ihrer Mutter geerbt und bringt Orchideen zum Blühen.

⁣ꙮ

Das Herbar, das Emily Dickinson in ihrer Jugend angelegt hat (ihr *Herbarium*), ist heute in der Houghton Library der Harvard University und wurde dort digitalisiert. So kann man die Kopie online konsultieren, während das Original sorgsam vor schmutzigen Fingern geschützt bleibt.

Auf sechsundsechzig Seiten sind vierhundertvierundzwanzig verschiedene Blumen und Pflanzen angeordnet, mit einer Sorgfalt, die eher von einem Gefühl für Ästhetik zeugt als von wissenschaftlicher Genauigkeit. Einige Exemplare tragen noch die Erinnerung an die Farbe der vor anderthalb Jahrhunderten gepflückten Blumen. Besonders die gelben Blüten leiden offenbar weniger unter dem Verstreichen der Zeit; die goldgelben haben einen Stich ins Ockerbraune bekommen, die senffarbenen einen rötlichen, und die Margeritenherzen erschafft das Auge instinktiv wieder. Die Blätter sehen aus wie aus Filz, leicht gräulich, als hätten die Jahre sie mit Asche überzogen.

Liest man die Blumen wie eine Geschichte, von links nach rechts und von oben nach unten, fängt sie beim Jasmin an, einer der beiden Königinnen der Blumen in der Parfümerie und von jeher mit Liebe und Verlangen assoziiert – heißt es nicht, Kleopatra sei Marcus Antonius auf einem Schiff entgegengefahren, dessen Segel mit Jasminessenz getränkt waren? Doch ich stelle mir lieber vor, dass der Jasmin seine Funktion als Zierinitiale des Herbars nicht dieser bombastischen historischen Nutzung zu verdanken hat, sondern seiner alltäglichen Verwendung: Lässt man die Blüten zusammen mit Teeblättern in heißem Wasser ziehen, erhält man einen köstlichen Kräutertee.

Auf den Jasmin folgt der Liguster mit seinen süß duftenden weißen Blüten und den giftigen schwarzen Beeren. Aus Letzteren hat man lange Zeit den Farbstoff gewonnen, um die Perlen für die Rosenkränze schwarz zu färben sowie eine von den Illuminatoren gerühmte violette Tinte.

Mitten auf der Seite finden sich die großen, scharf gesägten Blätter der *Collinsonia canadensis*, Englisch *horse balm*, die Grieß- oder Steinwurzel. Diese intensiv minzartig duftende Pflanze dient als Arznei für verschiedene Atemwegserkrankungen. Jahrhunderte, bevor Emily ihr Herbar angelegt hat – und lange, bevor ihre puritanischen Vorfahren auf dem neuen Kontinent an Land gingen und dort ihr Reich auf Erden gründeten –, diente sie der indigenen Bevölkerung dazu, die ersten Siedler, die an Skorbut leidend bei großer Kälte im Schnee lagen, vor dem sicheren Tod zu bewahren. Kurz: eine lebensrettende Pflanze.

Unten links ziert ein zweiter Jasminzweig die Seite, dicht neben einem Hufeisenklee, der einzigen

Pflanze, von der sich der Silbergrüne Bläuling er-
nährt, ein zarter Schmetterling mit opaleszierenden
Flügeln.

Auf der ersten Seite ihres Herbars ist also, bewusst
oder unbewusst, schon alles vorhanden, was Emily
als Schriftstellerin benötigt: Farbe für die Tinte zum
Zeichnen und Schreiben, etwas, um in Schönheit zu
erstrahlen, ein Mittel, um Schmetterlinge anzulo-
cken, ein Balsam, um sich von der Kälte zu heilen –
und Blüten für Tee.

Wie ihre Pflanzen hat auch sie den Winter zwischen Buchseiten verbracht.

Im Salon stehen sich Emily und die Standuhr gegenüber, beide lang, rank und schlank. Das Räderwerk der Uhr verbirgt sich in ihrer Rüstung aus Nussbaum. Ihr Zifferblatt ist weiß, ein kleiner Zeiger streicht darüber. Auf Kniehöhe schwingt ein schweres goldenes Pendel hin und her. Man kann ihr Herz klopfen hören. Zu jener Zeit trägt Emily Blau. Es beißt sich mit ihrem Teint, aber das kümmert sie nicht. Alle Kleidung ist ihr zuwider, die Unterwäsche aus rauem Leinen, die Spitze, die sie am Hals kratzt, der Samt, der so zart ist, dass es sie schaudert. Wenn es nach ihr ginge, bliebe sie nackt oder hüllte sich auch in Nussbaum oder Mahagoni. Mit über dreizehn Jahren kann sie noch immer nicht die Uhr lesen. Sie weigert sich standhaft, es zu lernen.

Emily lässt den Zeiger nicht aus den Augen. Würde sie den Blick auch nur eine Sekunde abwenden, verschlänge sie das Ungeheuer. Ein Sandglas ist voller Sand, eine Klepsydra voller Wasser, eine Uhr voller Stunden.

All diese Stunden würden gleichzeitig freikommen, Stunden mit Fieber, Stunden, die beim Warten auf den Schlaf vergeudet werden, Stunden voller Albträume, lange Stunden der Stille, die Stunde ihrer Geburt und die ihres Todes würden in einem langen Band aus der Uhr strömen und sie erwürgen. Emily hält die Luft an. Der Zeiger rückt ein kleines Stück weiter, die Uhr schlägt ohrenbetäubend laut, wie eine Kirchenglocke. Die Welt ist gerettet. Emily hüpft auf einem Bein davon, die Uhr zeigt weiter die Stunden an, die ihr noch gewährt werden und die sie sich weigert zu lesen.

๛

Viele Jahre lang nahm ich jedes Mal, wenn wir ans Meer fuhren, Hände voll Achat mit – weißen, rotbraunen, senffarbenen, safrangelben – und von den Wellen polierte bläuliche Stücke *sea glass*. Zu Hause legte ich sie ins Regal in meinem Arbeitszimmer, zwischen die Bücher. Wenn ich heute danach greife, scheint mir, meine stundenlangen Spaziergänge im Herbstlicht am Strand hätten sich in ihnen kristallisiert, so wie Harz zu Bernstein wird. Diese Stunden halte ich in der Hand.

๛

Sophia Holland, Emilys Cousine und beste Freundin, kommt aus der Sommerfrische am Meer zurück. Sie ist leicht gebräunt, ihr blasser Teint etwas golden, doch ihre Wangen sind eingefallen, und unter den glasigen Augen hat sie violette Ringe. Sie ist atemberaubend schön in ihrem weißen Kleid.

»Ich habe dir etwas mitgebracht«, sagt sie zu Emily.

»Was denn?«

»Rate mal.«

Emily schließt die Augen und streckt die Hand aus. Sophia legt einen flachen Gegenstand hinein, er ist leichter als ein Strandkiesel und fast vollkommen rund. Mit den Fingerspitzen befühlt Emily seine Beschaffenheit – ein bisschen rau, wie nass gewordener und wieder getrockneter Samt –, und seine Oberfläche – auf einer Seite leicht gewölbt, mit kaum merklichen Vertiefungen.

»Ich weiß nicht«, sagt sie und öffnet die Augen wieder.

»Es ist ein Sanddollar.«

Auf der gewölbten Seite sieht Emily eine fünfblättrige Blume, es könnte aber auch ein in den Kalk gravierter Stern sein.

»Ist es eine Muschel?«

»Ein Seeigel. Ein Seeigel mit Blume und ohne Stacheln.«

»Lebt er noch?«

Emily legt das Ohr daran, um sein Herz klopfen zu hören.

»Ich glaube nicht. Vielleicht.«

»Ich habe auch etwas für dich«, flüstert Emily.

Sie holt ein kleines, gefaltetes Stück Pappe aus der Tasche, auf das sie ihren kostbarsten Schatz geklebt hat: ein vierblättriges Kleeblatt.

»Es bringt Glück, sagt man.«

Sophia nickt ernst.

An diesem Abend legen sich Emilys Finger unter dem Kopfkissen um den Sanddollar. Im Schlaf träumt sie von einem Land, in dem er als Tauschmittel dient, und von den Wundern, die man sich mit ihm beschaffen kann: den Ruf der Spottdrossel, den ersten Schnee, ein Tintenfass, das nie leer wird, Tage, um die sich das Leben verlängert.

Vor dem Bruder und der Schwester liegen Landkarten. Ein kleiner Schnipser, schon sind Flüsse durchquert und Grenzen übersprungen. Diese Art zu reisen ist die einzige, von der Emily träumt. Auf manchen Karten sind fremde Länder. Auf anderen erkennt sie vertraute Namen.

»Siehst du«, erklärt Austin, »um von Amherst nach Boston zu kommen, muss man durch Springfield, Leicester, Worcester, Linden, Waldham.«

Emily fährt die lange Reihe von Städten mit dem Finger auf der Karte nach und sagt die Namen laut auf.

»Bloß die da«, sagt Austin und zeigt auf Linden, »die gibt es nicht.«

Verständnislos sieht Emily ihn an. Der Name ist in derselben Schrift gedruckt wie die anderen, Landkarten lügen doch nicht.

»Die Stadt existiert nur auf der Karte«, erklärt Austin. »Ich weiß das, ich habe die Reise zwanzigmal gemacht. Da gibt es bloß ein Wäldchen und ein paar Maisfelder. Nicht mal eine Hütte.«

»Wie kann das sein?«, fragt Emily.

»Es ist sozusagen eine Papierstadt. Die Menschen, die die Karte gezeichnet haben, haben sie frei erfunden, um sicherzustellen, dass ihnen niemand ihre Arbeit stiehlt.«

»Eine Stadt stehlen, was für eine merkwürdige Idee«, sagt Emily.

»Nein, nicht eine Stadt«, verbessert Austin, »sondern ihren Namen und den Grundriss. Falls die Zeichner dieser Karte zufällig die Stadt Linden auf einer anderen Karte entdecken, können sie beweisen, dass ihr Werk kopiert wurde.«

»Eine Papierstadt«, sagt Emily.

In ihrem Zimmer gibt es ein Bett, eine Kommode, einen Tisch, einen Stuhl und stapelweise Bücher. In den Büchern sind alle Länder der Welt, alle Sterne am Himmel, die Blumen, die Bäume, die Vögel, die Spinnen und die Pilze. Wirkliche und erfundene. Eine Vielzahl von Dingen. In den Büchern sind andere Bücher, wie bei einem Spiegellabyrinth, wo sich ein Spiegel im nächsten spiegelt, jeder ein bisschen kleiner als der vorhergehende, bis die Menschen darin nur noch ameisengroß scheinen.

Jedes Buch enthält hundert Bücher. Bücher sind Türen, die sich öffnen und nie wieder schließen. Um Emily herum wehen hunderttausend Luftzüge. Sie braucht immer eine Wolljacke oder einen Schal, um sich zu wärmen.

*

Dicht bei ihr, zwischen den Dünndruckseiten der Bibel, drängen sich all die anderen Städte, vergangene und gegenwärtige, wirkliche und erfundene: Jerusalem, Bethlehem, Saba, Kana, Sodom und Gomorrha, Kafarnaum, Jericho, Babylon.

Jedes Mal, wenn sie das Heilige Buch aufschlägt, wartet Emily nur darauf, dass ihr diese Städte und ihre Menschenmengen entgegenspringen, wie bei den

Kinderbüchern, wo sich komplizierte Faltwerke auf-
klappen und eine Hütte, ein Schloss, ein Wald aus Papier zum Vorschein kommen.

Goldene Strahlen fließen wie Honig zum Fenster herein. Das Nachmittagslicht ist so dicht, dass Emily sich fühlt wie eine in Bernstein eingeschlossene Biene. Im Hause Dickinson geht jeder seinen Beschäftigungen nach. Vater bereitet sich auf einen Termin mit einem wichtigen Mandanten vor; Mutter hat sehr mit ihrer Migräne zu schaffen; Austin wiederholt die Grammatikstunde; Lavinia stickt an einem Kissen, mit einer Katze auf dem Schoß, und Emily, oben in ihrem Zimmer, schreibt einen Brief an jemanden, den es nicht gibt. Wenn sie gut genug schreibt, wird er schließlich auftauchen.

Es ist nicht leicht, Wörter, diese zerbrechlichen Geschöpfe, auf dem Papier festzupinnen. Sie flattern im Zimmer umher wie Schmetterlinge. Oder wie aus Wollsachen aufwölkende Motten – Schmetterlinge, denen es an Farbe und Abenteuerlust fehlt.

Im Buch eines Franzosen liest Emily an diesem Abend die Geschichte eines Juden, der hundert Leben hatte. Hundert Leben, nur wozu? In keinem davon war er ein Vogel.

Dickinson: *son*, Sohn von, *Dick*, Richard, Löwenherz.

Diese vielen James, Sohn von Nathanael, Arthur, Thomas und Matthew. Diese vielen John, diese William, Peter, Sohn von Joseph, Sohn von Albert, von Francis, von Samuel, eine lange männliche Ahnenreihe, die bei ihr, die sie alle umfasst, endet.

Wo ist es, das Suffix für: »Tochter von«? Ist sie wirklich so unwichtig, dass man ihr keinen Namen zu geben braucht? Emily, Blütenherz.

Draußen vor dem Fenster kommt der Herbst. *Fall* – Sturz des Sommers, er kreiselt wie eine Flügelnuss, bevor er in der Ferne, irgendwo am anderen Ende der Welt, hinuntersinkt. Das Laub im Garten ist spinatgrün, überzogen von einem Grauschleier, den die Hitze des Sommers hinterlassen hat, ähnlich der pudrigen Schicht auf manchen Pilzen. Bald wird es die Farbe von Zitronen annehmen, von Orangen, von Granatäpfeln, und in den Tropen, wo es all diese fabelhaften Früchte gibt, ist das ganze Jahr über Sommer. Das Laub färbt sich erdbeerrosa, der Herbst birgt schon den Frühling in sich.

Auf dem Esstisch der Familie Holland liegt der Tod. Er hat Sophias Züge angenommen, ihr Gesicht ist eine Wachsmaske. Emily tritt auf Zehenspitzen näher, als wolle sie ein schlafendes Kind nicht wecken.

Sie haben Sophia ihr schönstes Kleid angezogen, das rosafarbene mit Spitzenbesatz an den Handgelenken und am Kragen, und ihre Lackstiefeletten. In ihrem sorgfältig gelockten Haar ist eine Schleife. Emily stellt sich Mrs. Holland vor, die ihre Tochter frisiert wie eine Puppe. Die Leute sagen Wörter, die keinen Sinn ergeben: *Typhus, Erbarmen, Gottes Wille.*

Sophia wirkt weder friedlich noch erlöst oder schlafend, Sophia ist nicht da. Ihr Fehlen hat sie ersetzt. Emily tritt noch näher, berührt sie beinah. Blaugrüne Schatten schimmern unter der weißen Haut, wie bei Speck, der zu lange in der Sonne lag. Emily wirft einen Blick über die Schulter. Niemand schaut zu ihr. Sie greift in ihre Schürze, nimmt den Sanddollar heraus, den Sophia ihr letzten Sommer geschenkt hat, und schiebt ihn, in der Hoffnung, dass es genügen möge, in die Tasche des rosafarbenen Kleids.

Emily weint nicht, sie ballt nur die Fäuste in ihren leeren Taschen, bis sie kein Gefühl mehr in den

Fingern hat. Aber abends, als Schinken zu Tisch ge-
bracht wird, fettglänzend im Lampenschein, muss sie
sich übergeben.

Der Weg von zu Hause bis zum Internat ist nicht weit, doch Emily hat das Gefühl, Kontinente zu durchfahren und Ozeane zu überqueren. Die Pferdehufe schlagen im selben Takt auf den Boden wie der kleinste Zeiger der Standuhr, der die Sekunden zählt. Vater fährt schweigend. Emily empfindet etwas, was sie nicht kennt, eine Mischung aus Angst und Aufregung, als hätte sie Ameisen in den Beinen und Schmetterlinge im Bauch. Das gefällt ihr: Sie sind gute Reisegefährten.

Das *Mount Holyoke Female Seminary* ist ein klobiges, großes Gebäude, vier Stockwerke symmetrisch angeordneter Fenster, vier Reihen hoch, sechzehn Fenster breit. Bestimmt, denkt Emily, sind die Zimmer der Schülerinnen und der Lehrer in den oberen Stockwerken. Auf dem Dach sind sieben Schornsteine.

»Wie Geburtstagskerzen, finden Sie nicht, Vater?«

»Wie bitte?«

»Die Schornsteine.«

Er betrachtet die Schornsteine einen Augenblick, wendet sich dann wieder diesem merkwürdigen Kind zu, das nie sagt, was man von ihm erwartet.

»Ach nein«, fährt Emily fort, »in Wirklichkeit sehen sie aus wie die Schlote eines riesigen Ozeandampfers, der hier Halt gemacht hat, mitten im Flachland.«

48

»Sie sehen vor allem so aus, als müsstet ihr im Winter nicht frieren«, sagt Vater, der die Pferde anhält.

Sie steigen aus, und Edward Dickinson lädt die große Reisetruhe ab, in die Emily ihre Kleider, Schals, Röcke und Schuhe, Bücher und ihr Kaleidoskop gepackt hat.

Mrs. Lyon heißt sie willkommen. Ihr Gesicht ist faltig, und sie wirkt erschöpft, aber ihr Lächeln ist offen, und ihre Augen sprühen vor Intelligenz. Sie wendet sich an Emily, bevor sie den Vater begrüßt.

»Willkommen, Emily.«

Die macht einen kleinen Knicks. Ihr Vater geht zur Eingangstür, lässt die Truhe stehen, damit jemand anders sie später holt. Doch Mrs. Lyon bückt sich, nimmt den Ledergriff an einer Seite der Reisetruhe in die Hand und schleift sie ohne große Umstände hinter sich her. Eilig nimmt Emily den zweiten Griff. Gemeinsam gelingt es ihnen, die Truhe ein wenig anzuheben.

»Was in aller Welt …?«, ruft ihr Vater entsetzt, als er sich schließlich umdreht und sieht, was die beiden treiben.

Soll er seiner schmächtigen Tochter helfen oder der Direktorin? Er zögert, entscheidet sich für Letztere. Bereitwillig überlässt sie ihm den Griff, bedeutet Emily, ebenfalls loszulassen, und erklärt:

»Ich habe Ihnen sicher gesagt, Mr. Dickinson, dass es hier keine Hausangestellten gibt. Jeder übernimmt einen Teil der Aufgaben. So erziehen wir die Schülerinnen und trainieren die Lehrer.«

Emily weigert sich trotzig, die Truhe loszulassen, und trägt sie schließlich zusammen mit ihrem Vater zum Eingang, wo ihnen zwei Lehrer zu Hilfe eilen.

Im Laufe der Jahre hat Vater ihr viele wichtige Dinge beigebracht, er hat sie belehrt, erzogen, korrigiert, ihr Standpauken gehalten, aber jetzt machen sie zum ersten Mal etwas *zusammen*. Bald darauf fährt er wieder ab, eine Hand auf den schmerzenden Rücken gelegt. Wie kann Stoff nur so schwer sein?

Unsere erste Wohnung in Boston, wo die Firma meines Mannes kurz nach der Geburt unserer Tochter eine Niederlassung gründete, lag in der Holyoke Street. Der Name kam mir seltsam vor – wie vieles andere zu jener Zeit –, doch ich versuchte weder herauszufinden, woher er kam, noch was er bedeutete.

Wir wohnten im South End, dem größten viktorianischen Viertel außerhalb Englands, im zweiten und dritten Stock eines jener hohen, für die Stadt typischen Backsteinhäuser. Von der Straße aus betrachtet funkelten die Erkerfenster in der Wintersonne wie Eis. Im Lauf der Jahre hatten Frost und Baumwurzeln im ganzen Viertel die Gehwege, die aus denselben Backsteinen waren wie die Häuser, verformt, sie wogten durch den Druck einer unterirdischen Dünung. Die Backsteine kamen geradewegs aus den Schiffsräumen der Frachter, die im achtzehnten und neunzehnten Jahrhundert in Boston Zwischenstopp gemacht hatten: Sie dienten als Ballast und waren, wie wir, um die halbe Welt gereist, ehe sie sich dort niederließen.

Um aus dem Haus zu kommen, musste man erst drei Stockwerke hinunter und danach die Freitreppe, die so steil war wie eine Schiffsleiter und oft vereist. Allein schon in die Küche hochzugehen (unsere Schlafzimmer lagen im unteren Stock) kostete mich eine Anstrengung, vor der ich oft zurückscheute – ich befürchtete die ganze Zeit, meine Tochter könnte mir auf der Treppe aus den Händen fallen. Ich erinnere mich nur dumpf an unsere Zeit dort, vermutlich habe ich mich wochenlang im zweiten Stock eingeigelt, mein winzig kleines Baby im Arm, und dem rieselnden Schnee zugesehen.

Die Holyoke Street war nicht sehr belebt. Auf den wogenden Gehwegen führten dick eingemummte Menschen morgens und abends ihre Hunde spazieren. Am Ende des Tages wurden die Schatten länger, und das Licht auf der anderen Straßenseite ging an. Eines Nachmittags erblickte ich in den Ästen eines kahlen Baumes in der Nähe ein Nest aus Zweigen und langen blauen Wollfäden. Es war Frühling.

*

Was bedeutete dieses Wort, *Holyoke?* Ich hatte keine Ahnung und nicht genug Energie zu recherchieren. Rein assoziativ erinnerte es mich an *yolk*, Eigelb, ich stellte es mir roh vor, und mir wurde leicht übel. Woher der Name Boston kam, wusste ich dagegen. Es war die Stadt von Botolph, einem englischen Heiligen aus dem siebten Jahrhundert, dem Schutzpatron der Reisenden. Nie hatte ich davon geträumt zu reisen, von jeher wollte ich das Gegenteil: Wurzeln schlagen, mich endlich irgendwo heimisch fühlen.

Obwohl wir nicht vorhatten, unser Haus in Montreal zu verkaufen, war mir, als gehöre es nicht mehr uns, seit wir die Tür hinter uns zugezogen und den Schlüssel im Schloss herumgedreht hatten; diese Wohnung hier würde nie unsere sein. Wir hatten kein Zuhause mehr.

Am ersten Tag kamen wir nach einer langen Autofahrt spätnachmittags an, stellten unser Gepäck in die in Zwielicht getauchte Wohnung und gingen sofort wieder los, um bei Trader Joe's etwas zu essen zu kaufen. Meine Tochter war müde und quengelig, und ich fühlte mich nicht viel besser. Das Geschäft war in grelles Neonlicht getaucht, ich schob unseren Einkaufswagen durch die unendlich langen Reihen, er war leer bis auf eine Packung Hummus. Am liebsten hätte ich mich mit meinem Baby irgendwo hingesetzt, egal wohin, und etwas Warmes gegessen. Ich hatte das Gefühl, gleich in Ohnmacht zu fallen. Schmollend sagte ich: »Hier gibt es sowieso nichts für uns.«

Und brach mitten in dem gedrängt vollen Laden in Tränen aus.

Wenige Wochen vorher hatte mich jemand gefragt: »Warum möchtest du unbedingt in dem Haus in Montreal bleiben? Was, glaubst du, wird dir am meisten fehlen?«

Es kam mir vor wie eine Übung. Wenn ich wusste, welche Dinge das waren, könnte ich sie mitnehmen oder in Boston einen Ersatz dafür auftreiben.

Ich hatte lange nachgedacht, ehe ich antwortete: »Den Baum draußen vor dem Fenster meines Arbeitszimmers.«

ജ

Im Internat bekommen Emily und ihre Mitschülerinnen Unterricht in Latein, Botanik, Astronomie, Geschichte, Mineralogie, Literatur und Mathematik. Man könnte fast vergessen, dass es eine Mädchenschule ist.

＊

Bücher sprechen von Dingen, wie man weiß, und aus staubigen dicken Bänden, die schon Generationen Schülerinnen in Händen gehalten haben, lernen die Mädchen etwas über Steine, Sterne und Insekten. Doch für Emily sprechen Dinge immer auch von Büchern.

Eines Morgens, als sie den Wald betrachtet, sieht sie die Äste eines der Bäume in ihrer Nähe wackeln. Zuerst nur leicht, nichts als ein Blätterrascheln, es könnte vom Wind sein, doch bald ist sie sicher: Der Baum hat sich bewegt. Sie denkt an Shakespeares fantastischen Wald von Birnam, dieses notdürftig mit Blättern und Zweigen getarnte Heer, das unter lautem Rüstungsgeklapper nach Dunsinan aufbricht.

Aber das ist nicht, was Emily sieht. Diese Woche hat man ihnen im Unterricht Stiche gezeigt, wo lange Wurzeln von Mangroven aus dem Wasser ragen wie Finger oder Zehen und die Mangroven als *gehende Bäume* bezeichnet werden. Was sie sieht, ist ein Heer von Ahornen, Kiefern, Eschen und Eichen, die ihre Wurzeln langsam aus dem Boden ziehen, sie auf der Erde ausbreiten, um die Festigkeit zu prüfen, die Luft zu schnuppern, und dann die Wurzeln leicht seitlich und nach vorn schieben, wie jemand mit einer Beinverletzung, der wieder lernt zu gehen. Die Äste halten die Bäume sanft im Gleichgewicht, die Stämme lehnen sich ein winziges Stück zurück, die Wurzeln lösen sich vom Boden, nicht sehr hoch, aber doch entschlossen. Vögel fliehen aus ihren Nestern, Streifenhörnchen springen zu Boden, alle Geschöpfe geraten in Panik, und die anfangs lautlose Fortbewegung geht nun mit einem dumpfen Lärm einher, er ist meilenweit zu hören. Der Wald rennt, stürzt voran wie eine riesige, stetig rauschende Welle. Er wird nicht nur das feindliche Lager hinwegfegen, sondern die gesamte Gegend, auch Mount Holyoke, wo Emily, am Fenster, mit geschlossenen Augen auf den Brecher wartet.

Dabei gibt es hier nichts anzugreifen, nichts einzunehmen oder zu belagern, nur eine Schar junger Gänse, zu denen auch sie gehört. Wie hoch ist der Kurs für Gänse auf dem Wochenmarkt? Wohl eher niedrig.

Trotzdem hat sich der Baum bewegt, ganz bestimmt. Macbeth, neben ihr, ist unschlüssig, aber die Helden des Barden sind oft unsicher – oder sie hören auf schlechte Ratgeber. Welches Heer könnte also das Internat an diesem Aprilmorgen überfallen?

Wieder bewegt sich der Baum, diesmal marschiert er wirklich los.

Es ist ein zweijähriger *buck*, ein Rehbock, sein Geweih ragt schön gerade nach oben wie die Krone einer großen Eiche.

Mrs. Lyon ist es wichtig, nicht nur den Geist ihrer Schülerinnen zu nähren, sie möchte auch ihre Seele retten und die Mädchen dazu bringen, sich zum Herrn hinzuwenden, aber ohne zu Angst und Drohungen zu greifen. Nicht Visionen der Hölle sollen ihre Schülerinnen davon überzeugen, das Reich Gottes zu betreten. Die Mädchen sind vernunftbegabte, gebildete Wesen. Mrs. Lyon wird also an ihren Verstand appellieren und ihre freie Entscheidung akzeptieren. Sie lässt sie vollkommen frei entscheiden – Ja zu sagen.

»Welche von Ihnen«, fragt sie mit ihrer festen, klangvollen Stimme, »hat dem Herrn bereits einen Platz in ihrem Leben und ihrem Herzen eingeräumt?«

Mrs. Lyons Ausdruck ist heiter, ihr Blick klar wie der eines Menschen, der Gott an seiner Seite weiß. Ihre Seele, erhellt von ihren Gewissheiten, kennt den Frieden.

Ein Großteil der Mädchen hebt die Hand, einige zitternd, andere voller Stolz. Sie lässt den Blick über die Versammlung schweifen.

»Welche von Ihnen hofft darauf?«

Die meisten Übrigen heben die Hand. Mrs. Lyon wartet lange Zeit, fragt schließlich:

»Welche von Ihnen ist ohne Hoffnung?«

Sechs oder sieben heben die Hand. Unter ihnen Emily.

∗

Wer ist das, dieser eine Gott in drei Personen, Furcht einflößender Vater, geopferter Sohn, ungreifbarer Geist? Warum weigert er sich, gekannt zu werden? Warum lässt er manchen seine Gnade zuteilwerden und anderen nicht? Was muss man tun, um ihn auf die richtige Weise zu lieben? Die Liebe vortäuschen? Würde er, der alles sieht – würden sie, die alles sehen –, es nicht erraten? Wäre diese Lüge nicht schlimmer als die schlichte Feststellung: Gott ist Rätsel, er ist Stille, dabei versteht Emily die Welt in erster Linie über die Worte. Gott ist eine Ellipse jenseits der Worte. Er versteckt sich nicht in Kirchen, vergeblich sucht man ihn zwischen den vergilbten Seiten der King-James-Bibel, von der es im Hause Dickinson ganze acht Exemplare gibt – mehr Heilige Bücher als Seelen, die es zu retten gilt. Wenn sie den Blick zum Himmel hebt, sieht Emily nur Wolken. Angenommen, der Himmel ist die Ruhestätte der Gerechten, heißt das also, dass sie in Vögel verwandelt werden?

Im Winter geht die Sonne in Mount Holyoke früh unter. Die jungen Mädchen essen im Lampenlicht zu Abend, die Felder draußen sind in Dunkelheit getaucht. Emily hat die Aufgabe, das Besteck zu verteilen, was sie, wie alles andere, ernst und voll Eifer tut. Sie mag nützliche, repetitive Gesten. Jedes Messer, jede Gabel ist ein Anker, der sie am Boden hält.

Die weißen Teller glänzen im Lampenschein, das Licht draußen ist dunkelblau, dicke Schneeflocken fallen schwer und feucht vom Himmel. In großen Schüsseln werden Kohl, Kartoffeln, Speckstücke, in Scheiben geschnittene Rüben und Karotten aufgetragen, die übliche Mahlzeit unter der Woche. Die Mädchen reden beim Essen, man ermuntert sie sogar, sich bei Tisch zu unterhalten, danach deckt der Abräumdienst ab, während die anderen in den Gemeinschaftssaal hochgehen. Dort wiederholen sie den Unterricht für morgen, bevor sie in ihre Nachthemden schlüpfen.

Sie hören sich ab:

»Wie nennt man eine Gruppe Fasane?«, fragt Anna.

»Ein Bukett«, antwortet Isobel. »Und eine Gruppe Stare?«

»Einen Schwarm.«

»Flamingos?«

»Eine Kolonie. Sie leuchten von Ferne. Eulen?«

Isobel zögert. Ohne den Blick von ihrem Buch zu heben, antwortet Emily: »Man sagt ein Eulenparlament.«

»Sehr gut. Jetzt etwas Schwierigeres. Wie nennt man eine Gruppe Lerchen?«

»Einen Trupp. Jubelnd steigt er in die Lüfte.«

»Und Schmetterlinge?«

»Einen bunten Schwarm, ein Kaleidoskop von Farben.«

Emily mustert die Mädchen, schlanke Taillen, weiße Schürzen, zusammengebundenes Haar, nicht gleich, aber durch ihre Jugend doch auf mysteriöse Weise ähnlich. Und wie bezeichnet man eine Gruppe von Schülerinnen in einem Internat an einem Winterabend?

Natürlich sind sie alles auf einmal: ein Trupp, der jubelnd in die Lüfte steigt. Eine Kolonie, von Ferne leuchtend. Ein Parlament, ein bunter Schwarm, ein Kaleidoskop von Farben.

Die Mädchen wachen auf und springen mit einem Satz aus dem Bett. Sie gehen sich mit hundert Bürstenstrichen durchs Haar, wie schon abends vor dem Schlafengehen, ziehen sich rasch an, vergewissern sich, dass sie ihre weißesten Blusen und hübschesten Haarbänder ausgewählt haben.

An diesem Tag wird im Internat der nahezu berühmte Autor eines Gedichtbands erwartet, in dem es vor allem um die Ehre geht, die Pflicht und die Seele. Einige Mädchen haben noch nie einen leibhaftigen Schriftsteller gesehen. Dichter sind meistens Statuen aus Stein. Die Schülerinnen sind so aufgeregt, als hätte sich eine dieser Statuen plötzlich bewegt.

Der Dichter betritt den Klassenraum, sein Haar ist streng nach hinten gekämmt, als kämpfe er ganz allein gegen unsichtbare Windböen, und er prüft pausenlos die Unordnung seines wüsten Schopfs, indem er mit den Fingern durchfährt. Ein schöner Mann: hohe Stirn, dunkle Augen unter stark gebogenen Brauen, Adlernase, schmale Lippen, so soll das sein bei einem mit erhabenen Gedanken. Er gestikuliert viel beim Reden, und manchmal unnötig.

Er blickt, ohne sie zu sehen, auf die kleine Gruppe Schülerinnen vor ihm, große, unbeholfene und – begreiflicherweise – von seinem Besuch beeindruckte Mädchen, die sich die Finger kneten und die Zipfel ihrer weißen Schürzen zwirbeln. Sie sind hübsch und austauschbar. Nur er ist einzigartig. Aus den Augenwinkeln sieht er sein Spiegelbild im Fenster, scheint danach vor allem für diesen durchsichtigen Zwilling zu sprechen.

Seine tiefe Stimme ist einen Tick zu laut, als stünde er auf einer Bühne und versuche, bis zur hintersten Reihe in einem großen Saal durchzudringen. Emily seufzt. Auch sie schaut aus den Augenwinkeln zum Fenster. Aber nicht zu ihrem Spiegelbild, sondern zu drei blassblauen Eiern in einem Reisignest.

Die Poesie ist eher dort zu finden als in den hochtrabenden Worten dieses Mannes, verborgen unter der zarten Schale, im winzigen Herzen der ungeborenen Geschöpfe, das weiß sie.

Und dennoch kann sie beim Anblick des Dichters, der schön ist wie ein Pfau, einen kleinen Schauder nicht unterdrücken.

Im Gemeinschaftssaal leiern die Mädchen in ihren weißen Nachthemden, blass wie Gespenster, eine nach der anderen herunter, wie sie sich ihr Leben vorstellen.

»Ich heirate später den Dorfarzt.«

»Ich bekomme drei Kinder, zwei Jungen und ein Mädchen.«

»Ich ziehe in ein großes weißes Haus mit schwarzen Fensterläden.«

»Ich will jede Woche ein Buch lesen.«

»Ich möchte den ganzen Tag liegen bleiben, Kekse essen und Zitronentee trinken.«

»Ich will einen Garten haben, in dem nur Rosen wachsen.«

»Und ich fahre später in einem Dampfschiff über den Ozean.«

»Ich spiele Geige, Klavier und Harfe.«

Emily ist an der Reihe. Alle schauen sie an. Mit ihrem schwarzen Haar ist sie noch blasser als die anderen, beinah durchscheinend; man könnte meinen, sie werde gleich abheben oder Feuer fangen.

»Ich wohne später in Linden.«

Am Ende des Trimesters zählt Mrs. Lyon wieder die Seelen. Die Mädchen, erschöpft von den langen, lernintensiven Winterabenden, fiebern dem Weihnachtsfest entgegen. Eine fast greifbare Anspannung liegt in der Luft, es ist die nach Vanille, feuchter Wolle und frischer Tinte duftende Prüfungsangst am Jahresende.

»Wer sein Herz für Gott geöffnet hat, darf sich setzen.«

Dutzende junger Mädchen nehmen auf den langen Bänken Platz.

»Wer darauf hofft, darf sich setzen.«

Eine zweite Welle. Isobel, neben Emily, zögert. Sie blickt flehend zu ihrer Freundin, die soll sich zusammen mit ihr setzen oder es ihr jedenfalls nicht übelnehmen. Aber Emily schaut nicht zu ihr, wendet sich ihr nicht zu. Schließlich setzt sich Isobel, schnell und unbeholfen, und Emily bleibt stehen, als Einzige. Sie ist die letzte der Hoffnungslosen.

Dabei möchte sie für den himmlischen Schöpfer dieselbe Leidenschaft empfinden, die ihr Herz erfüllt, wenn sie oben am Himmel Kanadagänse vorüberfliegen sieht, gackernd, in einem großen V, das entsteht und vergeht wie die Wellen im Meer. Aber leider interessieren die meisten Predigten sie nicht, allein schon der Gedanke an Gott bedrückt sie oder versetzt sie in Angst und Schrecken, je nachdem. Ihr Herz ist nicht groß genug, um sich dem Geheimnis zu öffnen, ihr armer Kopf nicht tiefgründig genug, und so sagt sie sich schließlich, dass Gott, zweifelsohne, auch nicht an sie glaubt.

Reihenweise ordentlich frisierte, hübsch mit Schleifen, Knoten und Bändern verzierte seidige Köpfe drängen sich vor Emily zusammen. Was für ein Gewimmel wird es da geben, im Paradies. Sie werden sich gegenseitig auf die Füße treten mit ihren Lackstiefeln.

Ohne Hoffnung, ohne Gewissheit und ohne Überzeugung bleibt Emily als Einzige stehen, kerzengerade, voll von einer Fülle an Möglichkeiten.

Ja, in der Hölle wird es sicher viel ruhiger.

Der Herbst ist vorbei, bald ist Weihnachten, und ich war immer noch nicht im Homestead. Stattdessen bin ich in unser Strandhaus zurückgekehrt, wo ich mich beim Ankommen jedes Mal wundere, dass es noch dasteht. Bestimmt werden die Wellen es eines Tages wegspülen. Etwas Ähnliches ist der Gaststätte auf dem Grundstück nebenan widerfahren, die seit Beginn des vergangenen Jahrhunderts dort stand. Bei einem besonders starken Sturm, vor vierzig Jahren, setzten Wind und Wellen ihr derart zu, dass sie abgerissen werden musste. Das Grundstück darf nicht wieder bebaut werden. Es heißt, das Meer habe im selben Sturm ein anderes Haus in der Nachbarschaft angehoben und Dutzende von Metern durch die Luft geschleudert. Die Rundhölzer der Uferbefestigung wurden herausgerissen und trieben auf der Straße wie ein zerbrochenes Floß. Ich mag die Vorstellung, dass wir die Hälfte des Jahres auf einem Schiff leben und sein Anker sich jeden Moment losreißen kann.

Jedes Mal, wenn wir hinfahren, staune ich wieder, wie viel weiter und klarer der Himmel dort ist, ganz anders als in der Stadt. Bestimmt liegt es an der Nähe zum Meer. Jedes Mal, wenn wir wieder abreisen, bricht es mir das Herz und auch meiner Tochter; sie versteht nicht, dass man nicht jahraus, jahrein am Meer wohnen kann, in unmittelbarer Nachbarschaft der Sandburgen.

Wenn ich dort bin, besuche ich Emily jeden Vormittag in dem Homestead, das ich mir anhand der Fotos in Büchern und der Beschreibung von Zeitzeugen und Historikern zusammenfantasiert habe. Ich schleiche auf Zehenspitzen hinein, um das papierne Parkett nicht zu zerlöchern, traue mich nicht, mich zu setzen. Wenn ich wieder gehe, lasse ich die Tür einen Spaltbreit geöffnet.

Emily kehrt weniger als ein Jahr nach ihrer Ankunft im Internat nach Amherst zurück. Ihre Eltern machen sich Sorgen um ihre Gesundheit; sie leidet unter einer hartnäckigen Atemwegserkrankung. Sie kommt gern nach Hause zurück.

In Amherst gibt es so viel zu tun für ein junges Mädchen.

Sich die Haare frisieren, Lockenwickler ein- und wieder ausdrehen, die Locken glätten.

Brotbacken.

Eier im Hühnerstall sammeln, sie fürs Frühstück verrühren.

Besuche abstatten, je nach Wochentag: den Armen, den Kranken, den Alten, Frauen im Wochenbett, Bedürftigen, Bettlägerigen, auch ihren Dutzenden von Freundinnen natürlich.

Drei Knöpfe kaufen, ein Pfund Zucker, eine Elle Spitzenbordüre, schwarze Schnürsenkel, einen weißen Unterrock, eine Zimtstange, einen Feuerstein, einen Rest Seidenstoff, violette Tinte.

Ein Dutzend Taschentücher besticken.

Brathähnchen, Gurke und frisches Brot in einen großen Korb laden, Limonade in Flaschen füllen, eine Wassermelone aufschneiden, eine zusammengelegte Tischdecke darüberbreiten, Gabel, Messer und Leinenservietten nicht vergessen für ein Picknick.

Hausierer empfangen, Freunde, Bekannte, Besucher, Bettler, die sich auf der Schwelle drängen; den einen etwas abkaufen, die Zweiten bewirten, die Dritten begrüßen, jenen etwas zu trinken anbieten, diesen die Tür vor der Nase zumachen.

Die letzten Himbeeren in einen Topf geben, die gleiche Menge Zucker dazu. Auf kleiner Flamme köcheln. Unterdessen die Gläser mit siedend heißem Wasser ausspülen. Marmelade hineinfüllen, sie für den Winter versiegeln.

Mutter beim Bratenspicken und Gemüseschälen helfen, den Tisch decken, wieder abdecken, Gläser und Geschirr trocknen, in die Schränke räumen, die Gläser sorgfältig umgedreht.

Ein Freiluftkonzert besuchen, zusammen mit der ganzen Stadtjugend.

Erst wenn sie ihre Zimmertür hinter sich zuzieht und in die Stille geht, kann Emily wieder die Stimme hören, die spricht und die nicht spricht, tief in ihrem Kopf.

Die Bäume im Garten haben ihre Blätter verloren. Alle außer einem jungen Ahorn ganz hinten auf dem Grundstück, mit seinem vollen gelben Schopf, an dem sich die Sonnenstrahlen wärmen. Ein kleines Feuer brennt da, flackert nach Lust und Laune des Windes, hält der aufziehenden Kälte stand, der stummen Weissagung der anderen Bäume, deren nackte Äste glimmenden Holzscheiten gleichen. Die Raben meiden ihn, nichts dämpft seine goldene Pracht. Der Ahorn hängt seine Lampions auf halbem Weg zum Himmel auf. Wer braucht schon bunte Kirchenfenster, wenn er einen solchen Baum im Garten hat?

Wenn alle anderen schlafen, bleibt er lebendig, bis tief in den Winter. Seine Blätter bringen in den langen Dezembernächten die Sterne zum Leuchten.

Schon als Kind hat sie Orion erkannt mit seiner schlanken Sandglas-Taille, dem Hund, der weit vor ihm herrennt. Sie hat vor langer Zeit entschieden, dass er ihr nächstes Zuhause wird.

Die Bibel ist voller unergründlicher Geheimnisse, der menschliche Geist ist schwach, doch eine Sache ist Emily vollkommen klar: Der Garten Eden war zuerst ein Garten.

Der Winter vergeht wie ein Traum.

Austin, Emily und Lavinia, gefolgt von ihren drei schwankenden Schatten, gehen gemeinsam durch die von Bäumen, wo unsichtbare Vögel zwitschern, gesäumten Wege. Die Luft duftet nach weißen Blüten, Äpfeln, Pflaumen, Erdbeeren. Es ist wunderbar mildes Wetter. Das Gras hier ist grüner, fast smaragdfarben.

Sophias Grab ist eines der frischesten auf dem Friedhof. Sie bleiben vor ihm stehen, senken den Kopf. Emily kniet sich zu Boden und legt die Hände auf den warmen Stein.

Sophia ist nicht die jüngste Tote hier, bei Weitem nicht. Dutzende Babys sind hier begraben, kleine Mädchen und Jungen, die in ihren schönsten Kleidern unter der Erde liegen, gestorben an Auszehrung, Grippe, Röteln, Blutarmut, Krupp, Angst, Wut oder Langeweile. Ihre blassen Gespenster, verborgen von den blühenden Bäumen, spielen Fangen. Sie verstecken sich hinter den schlanken Holzkreuzen, breiten die Arme genauso aus wie diese, rennen, leise lachend, so schnell sie können über die Wege.

Wortlos gehen Austin und Lavinia weiter. Sie haben noch andere Tote zu besuchen, es war ein harter Winter. Emily bleibt lange Zeit am Grab ihrer Freundin knien. Sie möchte gern mit ihr reden, aber das

Gras ist taub und stumm. Als sie schließlich aufsteht, bleibt ihr Schatten liegen – als der wiederum aufsteht, folgt er nicht Emily, sondern tobt mit den kleinen Geistern herum.

In einer Schmuckschatulle auf ihrem Schreibtisch bewahrt Emily ihre Milchzähne auf, zwanzig barocke Perlen. Abends denkt sie manchmal, das kleine Mädchen, dem sie gehören, werde zurückkommen, um sie zu holen – ein zahnloses Gespenst.

*

Sie ist zu groß, ihr Hals zu lang, ihre Gliedmaßen sind zu steif. Sie hätte als Vogelscheuche auf einem Feld geboren werden sollen, bei den Staren und Kürbissen. Dort hätte sie, von Regenschauern durchnässt, einen üppigen Sommer verlebt, hätte den Kürbissen zugesehen, wie sie in der Sonne anschwellen. Dann, zur Erntezeit, wäre auch sie gepflückt und ins Feuer geworfen worden. Wie hell sie aufgelodert wäre mit ihren trockenen Armen, den steifen Beinen, dem langen Haar und dem Streichholzherzen.

Eines Morgens beim Aufwachen entdeckt Emily eine rote Blüte auf ihrem Laken. Derselbe Fleck ist auf ihrem Nachthemd und ihrem Baumwollschlüpfer.

Mutter trifft sie in der Küche an, über die Waschschüssel gebeugt, sie rubbelt energisch die Wäsche in der Seifenlauge.

»Was tust du da, um Himmels willen? Heute ist doch nicht Montag!«

»Ich bin krank«, sagt Emily ausdruckslos. »Ich blute. Bestimmt muss ich sterben.«

»Ach, weiter nichts«, antwortet die Mutter in einem Ton, in dem Abscheu mit Unbehagen wetteifert. »Du bist nicht krank, du bist zur Frau geworden. Das geht allen so.«

Emily hält inne. Aha, die Frauen sind also alle krank. Das erklärt einiges – warum die Männer Rechtsanwalt werden, Arzt, Notar oder Pfarrer. Das Laken entfaltet sich in der Schüssel wie ein Unterwassergeschöpf, eine Qualle oder eine Seeanemone in rosa Wasser. Emilys Fingerspitzen sind taub.

»Einmal im Monat geht es uns so«, fährt Mutter fort, »das dauert ein paar Tage.«

Na gut, denkt Emily und schrubbt wieder wie besessen los. Dann bin ich also ein paar Tage im Monat eine Frau. Und den Rest der Zeit schreibe ich.

Als Austin zum Studieren nach Harvard zieht, schreibt Emily ihm täglich Briefe – sie sollen lebhaft, leicht, unwiderstehlich sein, in der Hoffnung, dass er zurückkommt. Doch er kommt nicht zurück. Ihre Briefe sind nicht überzeugend genug. Wenn sie ihm doch nur Schmetterlinge schicken könnte.

Beim Abendessen bleibt der Stuhl ihres geliebten Bruders leer. Seine Abwesenheit ist für Emily wie ein Stich ins Herz. Vaters Gesicht trägt den Ausdruck eines düsteren Tages. Es muss schlecht gelaufen sein in der Kanzlei. *Wichtige* Angelegenheiten plagen ihn, die Sorgen eines Mannes, der aus dem Haus geht, andere Männer trifft und mit ihnen voll Ernst über das Los der Welt entscheidet, mit ihren Frauen, Kindern, Hunden, Katzen und anderen minderwertigen Geschöpfen.

Mutter wirkt zerstreut, was in letzter Zeit immer häufiger vorkommt. Sie führt die Gabel mechanisch zum Mund, wie ein Automat. Ihre Augen sind Glasknöpfe. Lavinia lässt kleine Hähnchenstücke zu Boden fallen für den dicken roten Kater, den sie vor Kurzem adoptiert hat und der ihr schnurrend um die Beine streicht.

Verblüfft mustert Emily diese Fremden, die Familie, die das Leben ihr geschenkt hat. Wieso wurde sie nicht in einem Vogelnest geboren? Dann hätte sie zumindest die wesentlichen Dinge gelernt – singen, fliegen, ein Nest bauen.

In unserem zweiten Jahr in Boston mieteten wir eine Wohnung im zweiten, dritten und vierten Stock eines anderen hohen viktorianischen Hauses. Vom Keller bis zum Dach war es mit typisch amerikanischer Effekthascherei renoviert worden: große Kochinsel aus Granit, goldene Lüster, teure, geschmacklose Wasserhähne. Aber die Zimmer waren schön und hell, und wenn meine Mutter zu Besuch kam, hatte sie ein ganzes Stockwerk für sich.

Weil ich mit meiner Tochter vorübergehend nach Montreal zurückgekehrt war, musste mein Mann die Wohnung allein einrichten und fuhr also zu IKEA, wo er, als wolle er ein leeres Puppenhaus füllen, von allem ein oder mehrere Exemplare kaufte: einen Tisch, vier Stühle, eine Kinderwiege, eine Wickelkommode, zwei Betten, zwei Matratzen, Laken, Kissen, Daunendecken, Servietten, drei Kommoden, einen Schrank, vier Nachttische, Lampen, einen Beistelltisch, einen Fußabtreter, Geschirr, Bettwäsche, Putztücher, eine Kanne für Tee und eine für Kaffee, Sparschäler, Schere, Besteck, Dosenöffner, Schneebesen, zwei Schneidebretter, ein Topf- und ein Pfannenset, einen Korkenzieher, Wasserkocher, Mülleimer, drei Papierkörbe, ein Sofa, Kissen, drei Teppiche, einen Wäschekorb, Besen und Eimer, Bürsten und Schwämme …

Bestimmt war er ein halbes Dutzend Mal hin- und hergefahren und hatte jeweils zwei Einkaufswagen bis oben hin vollgeladen. Die bunte Mischung von Inventar auf der Schlussrechnung, nach deren Gesamtsumme ich mich nie zu fragen traute, erinnerte an die schwindelerregenden Listen aus *Das Leben. Gebrauchsanweisung*.

Bei unserer Ankunft, während einer großen Kältewelle, waren es im Haus nur etwa zehn Grad. Der Besitzer, der selbst den Winter über in Florida war, hatte vergessen, die Innenflügel der Fenster anzubringen. Wir flüchteten uns also in ein Hotel, bis sie eingebaut waren. Vom vierten Stock im Fairmont aus, in dem wir drei Zimmer zur Straße bewohnten, blickten wir auf den großen Platz vor der Kirche, wo zwei Jahre später beim Marathon Bomben hochgehen und drei Menschen ums Leben kommen sollten.

An diesen Tagen herrschte die fast übernatürliche Stille extremer Kälte, es war kaum jemand draußen. Die wenigen Passanten eilten vorüber, das Kinn im Schal vergraben. Es war die Rede von nie da gewesenen Temperaturen und außergewöhnlichem Schneefall (ein Dutzend Zentimeter, nichts Besonderes in Montreal, aber Boston war offenbar nicht auf solche Mengen eingestellt), und im Fernsehen wurden in Dauerschleife die absurden Bilder eines Schneepflugs übertragen, der mitten auf einer Hauptverkehrsstraße in Flammen aufgegangen war. Durch unsere vereisten Fenster hatte der Copley Square Ähnlichkeit mit dem Kreml.

Als wir nach dem Einbau der Innenfenster in die Wohnung zurückkehrten, war es dort höchstens vier oder fünf Grad wärmer geworden. Wir hoben die Deckel der Holzverkleidungen unter den Fensterbänken ab und stellten fest, dass die schweren gusseisernen Heizkörper bei der Sanierung schlicht ausgebaut worden waren. Augenscheinlich sollten die drei Stockwerke allein von den dünnen Warmwasserleitungen an den Wänden beheizt werden – ganz zu schweigen davon, dass der Kessel den Wärmebedarf nicht decken konnte, regelmäßig überhitzte und komplett ausfiel.

Ich erinnere mich, dass ich frierend, mit Mütze und Winterstiefeln, in diesem protzigen Apartment ungläubig in die langen, leeren Kisten blickte, in denen die Heizkörper hätten sein sollen. Diese Leute, die alles vergoldeten und Lichtkamine einbauten, hatten allen Ernstes »die Heizung entfernt!«

*

Nachdem wir die Wohnung möbliert hatten, waren die Wände immer noch hoffnungslos kahl. Ich bestellte online Reproduktionen alter botanischer Stiche (*Brassica, Beta vulgaris, Carota*) für die Küche und das Esszimmer und ein paar bunte Plakate, darunter den Kopf eines Straußenvogels, der, sehr würdevoll, eine Perlenkette um den Hals trug, und einen kompliziert komponierten Picasso, den ich mir nie genauer angesehen hatte, bis meine zweijährige Tochter Zoë ernst bemerkte: »Der Maler, der hat sich selber gemalt«, und ich merkte, dass es tatsächlich ein Selbstbildnis vor der Staffelei war. Fast hätte es funktioniert. Man hätte beinah meinen können, dass jemand hier wohnt.

Aus Montreal hatten wir auch das riesengroße Plakat einer Ausstellung von Peter Doig im Musée des beaux-arts mitgebracht, deren Titel, *No foreign lands*, mir wie ein Versprechen oder ein Vorhaben schien. Außerdem hatte ich das Gefühl, mich über die Stadt lustig zu machen, wenn ich *Montréal* in Großbuchstaben an die Wand dieser Bostoner Wohnung schrieb. Allerdings war das Plakat knapp zwei mal zwei Meter groß, und die Klebepads, mit denen ich es am Putz befestigte, waren zu schwach, um es zu halten. Nacht für Nacht löste es sich ab, wenn wir schliefen, und ich fand es morgens auf dem Boden wieder, zusammengerollt vor dem Sofa.

*

Eines Nachmittags machten meine Mutter und ich einen Spaziergang mit meiner Tochter, die warm in ihren Kinderwagen eingemummt war. In der Tremont Street kamen wir an Vinotheken und Delikatessenläden, hippen Bars und Restaurants vorbei. Ich sah mir die Auslagen an, hatte das deutliche Gefühl, *draußen* zu sein, auf mehr Weisen, als ich in Worte fassen konnte. Da sprangen mir durch einen Türspalt eine Reihe kleiner Bilder an einer Backsteinwand ins Auge.

Es waren weder Stiche noch Collagen, sondern aus alten Buchbänden herausgerissene Seiten, auf die der Künstler mit Bleistift und schwarzer Tinte so etwas wie die Buchstaben eines vergessenen Alphabets gezeichnet hatte. Auf dem Bild, das mir besonders gut gefiel, war eine große Kugel auf einer Kette aus winzigen Berechnungen. Ich ging in den Laden, um nach dem Preis zu fragen.

Die Besitzerin wollte mir das Bild gern verkaufen, aber erst nach dem Ende der Ausstellung. Sie bat mich um meine Telefonnummer: Ich hatte keine. Wir einigten uns, dass ich zwei Wochen später wiederkommen würde. Bevor ich ging, kaufte ich zu einem horrenden Preis eine antike Grille aus Messing, deren einer Fühler ein bisschen herabhing. Ich drehte sie pausenlos in den Händen und wiederholte dabei: *Cricket on the Hearth*[*] und dachte dabei an die Chinesen in Märchenbüchern, die Grillen in kleinen Holzkäfigen hielten.

Ein Jahr später, als wir aus der Wohnung auszo-

---

[*] *»Cricket on the Hearth« (wörtlich: Grille auf dem Kaminsims) ist eine der fünf Weihnachtsgeschichten von Charles Dickens.*

gen und endgültig nach Outremont zurückkehrten, wurden die Grille und der Stich zusammen mit dem ganzen anderen Hausrat in Kisten verpackt und eingelagert. Ich konnte mich kaum an die Details der Komposition erinnern, noch viel weniger an den Titel des Werks – *True North*, vielleicht? Jedenfalls hatte es damit zu tun, auf Kurs zu bleiben.

Würde man Emily bitten, ein junges Mädchen zu zeichnen, würde sie Susan porträtieren: hübsch, lebhaft, stolz und intelligent. Sie ist das, was Emily gern sehen würde, wenn sie in den Spiegel blickt, eine Art idealer Zwilling. Die beiden Freundinnen sind ein Herz und eine Seele. Zusammen spazieren sie durch Amhersts vertraute Straßen, pflücken Blumen im Garten, füllen Marmelade in Gläser und erzählen sich Geschichten, die sich mal die eine, dann wieder die andere ausdenkt.

Susan hat einen Porzellanteint, einen roten runden Kirschmund, wilde Locken, die ihr ins Gesicht fallen. Emily muss sich zurückhalten, um ihr nicht sanft übers Haar zu streichen und ihre Frisur wieder in Ordnung zu bringen wie bei einer Puppe.

Aber eines Nachmittags, als sie zu Emily kommt, macht Austin, der gerade aus Harvard zurück ist, ihr die Tür auf. Er kennt Sue, seit sie ein Kind war, doch in seiner Abwesenheit hat sie plötzlich aufgehört, Kind zu sein. Er, der einige Jahre älter ist, weiß schon, wie er sich als Mann ausgeben kann.

»Na, so was, hallo«, sagt Austin und zerbricht sich den Kopf, was er als Nächstes sagen könnte.

»Ich wusste nicht, dass du zurück bist«, antwortet Susan. »Gefällt es dir in Boston?«

Sie senkt den Blick, lugt aber weiter verstohlen zu ihm hin.

»Es ist eine sehr schöne Stadt, aber Amherst hat Vorzüge, bei denen sie nicht mithalten kann.«

Das sagt er mit so viel Nachdruck, dass dem Mädchen das Blut in die Wangen schießt.

Bis Emily die Treppe hinunterkommt, sitzt Susan im Salon, und Austin liest ihr vor. Sie ist sein Gast geworden. Nicht viel später teilt sie ihre Zeit gleichmäßig zwischen Bruder und Schwester auf.

✲

Als Emily sie zusammen sieht, ballt sich etwas in ihrer Brust zusammen wie eine Faust.

Ihr Herz ist schwarz, das Gefühl darin zerfrisst sie. Emily ist eifersüchtig, sogar doppelt; auf Austins Liebe für Susan und Susans Liebe für Austin. Diese doppelte Liebe soll ihr entgegengebracht werden, sie fühlt sich doppelt betrogen, sogar dreifach, denn auch ihr eigenes Herz hat sie verraten. Ihr Herz ist ein zweimal verbranntes Stückchen Kohle, oder besser gesagt: ein Häufchen Asche.

Auf dem Kaminsims sind die Einladungen und Todesanzeigen des Jahres aufgereiht wie eine Girlande, die einen hell, die anderen dunkel. Ihre Freundinnen werden ihr eine nach der anderen weggeschnappt, von der Ehe oder der Krankheit. In den letzten zwölf Monaten war Emily auf so vielen Hochzeiten und Beerdigungen, dass sie diese Abschiedszeremonien, bei denen man die jungen Frauen, die wie verkleidet aussehen, nicht mehr ganz sie selbst sind, kaum mehr auseinanderhalten kann.

Die Toten sieht man nur noch im Traum. Bei einigen Frischvermählten dagegen verschwindet die Taille bereits, sie bewegen sich langsamer, drehen beim Gehen die Füße auswärts, als hielten sie ein Ei zwischen den Schenkeln. Bald wird man sie nur noch mit einem kleinen, rosigen, schreienden Geschöpf in den Armen antreffen. Bald werden sie nur noch fremdbestimmt sein. Dieser Gedanke bringt Emily zum Schaudern. Sie dreht sich zu Lavinia um, die, eine Katze auf dem Schoß, am Fenster sitzt und näht, und fragt:

»Welches Übel würdest du wählen? Die Liebe oder den Tod?«

Lavinia zuckt die Schultern. Sie ist völlig zufrieden mit ihrem *Arrangement* mit einem jungen Mann aus der Umgebung und hat nicht das Bedürfnis, darüber zu sprechen. Sie steht auf und sagt: »Ich gehe uns einen Tee kochen.«

Im Garten welken bereits die ersten Blätter.

Beide Schwestern tragen ihre schönsten Kleider. Sie haben sich vor ihren Spiegeln frisiert, sich mit ihren Locken und Schleifen große Mühe gegeben. Lavinia hat sich in die Wangen gekniffen und auf die Lippen gebissen, um sie zu röten. Emily ist weiß wie Schnee. Beide sitzen nebeneinander auf einer Bank in der weißen Holzkirche.

Schüchtern tritt die Braut nach vorn. Sie ist es nicht gewohnt, alle Aufmerksamkeit auf sich zu ziehen. Dem Bräutigam ergeht es nicht anders, doch er gibt sich tapfer. Bis zu diesem Tag waren sie höchstens ein Dutzend Mal allein, haben sich ausnehmend höfliche Briefe geschrieben, unbehagliche Besuche abgestattet. Beide sind einundzwanzig Jahre alt. Er ist Anwalt, sie ist Frau; sie wird also Frau des Anwalts. Und Mutter, natürlich. Emily sieht den Lebensweg der Braut vor sich, er steht von vornherein fest, ein Schlagschatten.

Im Haus gibt es immer etwas zu tun: die Erdbee-ren entstielen, das Silber polieren, das, sobald man ihm den Rücken kehrt, in den Schränken schwarz an-läuft, noch ein paar Teile an einen Quilt für ein Unge-borenes nähen, Kleidung für die Bedürftigen ausran-gieren, Lieferanten bezahlen, einer durch den Garten fliegenden Biene schrittweise folgen – aber das ist ein Lebenswerk.

Emily bäckt in der Küche Brot. Der Teig in ihren Fingern ist weich, lauwarm und elastisch wie eine vertraute Haut. Sie knetet ihn mit einer ausholenden Bewegung, von vorn nach hinten, hundert Mal hin-tereinander. Nach dem zweiundsechzigsten Druck der Handflächen auf den Tisch macht sie Pause, sieht sich um, greift nach dem leeren Mehlbeutel und reißt ein Stück ab. Sie zieht einen Bleistiftstummel aus der Tasche, schreibt ein paar Wörter auf – sechzehn, ge-nau genommen, und fünf Gedankenstriche, lang wie Seufzer –, dann faltet sie das Papier klitzeklein zu-sammen, nicht viel größer als ein Fingernagel, und steckt es in ihre Schürze. Danach knetet sie weiter. Dreiundsechzig.

Rasch räumt sie die auf Verpackungen gekritzelten Gedichte in ihre Schreibtischschublade. Wenn sie sie wieder herausholt, erkennt sie sie am Geruch: Einige

riechen nach Mehl, andere nach Pfeffer oder Pekan-
nüssen. Ihr liebstes riecht nach Schokolade.

Um hundert, ja tausend Mal, einen erfüllteren Spaziergang als am Tag davor zu machen, genügt es vollkommen, jeden Tag im selben Garten spazieren zu gehen.

Einmal entdeckt Emily in einem Laubhaufen eine witzig zusammengekuschelte Igelfamilie – mit den Stacheln nach außen, wie es sich gehört.

Ein anderes Mal zieht eine Drossel direkt vor ihr einen derart langen Regenwurm aus der Erde, dass er reißt. Der Vogel frisst einen Teil, der andere lebt seine Hälfte des Lebens weiter.

An einem Nachmittag im Frühling regnet es so stark, dass die Tropfen beim Aufprallen vom Boden aufspringen wie Nägel und es aussieht, als käme der Regen von unten.

Monatelang macht sie diesen Spaziergang mit Sophia, die gelacht hat, die immer noch lacht, bei den Apfelbäumen, vor dem Zinnienbeet.

Eines Tages im November schneit es genau dann los, als sie verblüfft den Blick in den Himmel richtet – der erste Schnee ist jedes Mal wieder der erste.

Eines Morgens begegnet sie in aller Frühe einer Elster, sie hat ein goldenes Armband im Schnabel.

All diese Tage überlappen sich wie viele Seiten Pauspapier, wo sich aus hundert verschiedenen Schichten ein Bild ergibt: Igel, Drossel, Elster, Schnee begleiten sie nun bei jedem Spaziergang, sie und die Erinnerung an Sophia.

Während Emily im Garten spazieren geht, betritt Mutter ihr Zimmer, dessen Tür immer geschlossen ist. Es ist alles in Ordnung, der Überwurf liegt schön glatt auf den tadellos gespannten Laken, das Kopfkissen hat nicht die geringste Falte, es sieht fast aus wie in einer Mönchszelle.

Mutter öffnet die Schubladen, sie weiß nicht, wonach sie sucht. Neugierig war sie nie, was für eine hässliche Eigenschaft, natürlich drängt nur ihr Pflichtbewusstsein sie in das Heiligtum ihrer Tochter, sie tut es sehr ungern, mit großem Widerwillen.

In der Schublade des kleinen Schreibtisches ist ein Stoß Blätter mit Emilys zierlicher Schrift darauf. Eine Lehrerin in Mount Holyoke hat sie einmal mit den Fußabdrücken der Urzeitvögel verglichen, die im Museum der Schule aufbewahrt werden, ein Vergleich, der bei ihrem Mann ein Stirnrunzeln auslöste und bei ihr eine leichte Sorge. Welches Kind setzt sich in den Kopf, zu schreiben wie ein Vogel – und ein ausgestorbener obendrein?

Sie nimmt das erste Blatt vom Stapel, ein hastig abgerissenes Stück Papier, und dreht es in den Händen. Auf einer Seite steht das Rezept für Gewürzbrot – ist es nicht das, mit dem ihre Tochter vergangenen Sommer den jährlichen Backwettbewerb gewonnen hat? Auf der anderen Seite: eine Reihe Wörter ohne wirk-

lichen Zusammenhang. Der Text ist merkwürdig zer-
stückelt, von Gedankenstrichen unterbrochen. Eine
Art Liste?

I reckon – When I count at all –
First – Poets – Then the Sun –
Then Summer – Then the Heaven of God
And then – the List is done –

Verstört liest sie die seltsame Beschwörung noch einmal, legt das Stück Papier dann sorgsam zurück, mit
dem Rezept nach oben, und geht auf Zehenspitzen
davon.

1 quart flour
½ cup butter
½ cup cream
1 tablespoon ginger
1 teaspoon soda
1 teaspoon salt
Make up with molasses

Austin und Susan bauen ihr Haus auf das Grundstück neben dem Homestead, einen Steinwurf von dem großen Anwesen entfernt. Die Nachbarn klopfen ein Dutzend Mal am Tag beieinander an: um sich ein Buch auszuleihen, einen Artikel zu zeigen, einen frisch gebackenen Kuchen vorbeizubringen, eine Lupe zurückzugeben, ein Rezept nachzuschauen, einen Stich zurückzubringen, eine Erkundigung einzuziehen, Neuigkeiten mitzuteilen, Noten dazulassen. Ein Trampelpfad verbindet das Homestead mit dem Evergreens. Auch er hat es eilig.

*

Emily beobachtet sie durch die Fenster im Salon, im die Esszimmer; sie zeichnen sich ab wie ein lebensgroßes chinesisches Schattentheater. Emily folgt ihnen bis ins Schlafzimmer, wendet sich dann ab. Sie will sich die beiden nicht im zerwühlten Bett vorstellen. Lieber räumt sie im Geiste die Marionetten in ihre Schachtel, wo sie brav liegen bleiben, wie Blumen beim Trocknen.

Der Garten ist größer als alle Galaxien zusammen, in denen es unmöglich so viele Ameisen geben kann, so viele Blumen und Grashalme. Er ist das ganze Universum, begrenzt von der Hauptstraße im Süden, der Hecke aus Hemlocktannen im Osten, dem Evergreens-Gebäude im Westen, und im Norden liegen Generationen von Dickinsons, geboren auf dieser Erde und begraben unter ihr. Der erste, Nathaniel, ging 1630 zusammen mit John Winthrop und etwa siebenhundert anderen Puritanern an Land. Die Flotte zählt elf Schiffe, und die Geschichte hat sich den Namen desjenigen, auf dem Urgroßvater Dickinson die Reise antrat, nicht gemerkt – die *Arbella*, die *Talbot*, die *Ambrose*, die *Jewel*, die *Mayflower* (nicht die, eine andere), die *Whale*, die *Success*, die *Charles*, die *William and Francis*, die *Hopewell* und die *Trial*. Kein Dokument zeugt davon, doch Emily weiß es: Sie überlässt anderen den Wal, das Juwel, die Prüfung und die Hoffnung, ihr Vorfahre überquerte den Atlantik zweifellos in einem Blüten-Rumpf.

Montag, also Waschtag. Emily nimmt die saubere Wäsche von der Leine, legt sie zusammen, macht verschiedene Stapel – Bettwäsche, Tischwäsche, Kleidung und Unterwäsche von ihrer Mutter, Lavinia oder ihr selbst.

Plötzlich hört sie einen Seufzer.

In der Tür steht Mutter, sie wirkt erschöpft, wie immer, schüttelt den Kopf. »Mein armes Kind, ich habe dir doch hundertmal gesagt, dass man Unterröcke nicht so zusammenlegt.«

Emily sieht hoch. Sicher, Mutter hat es ihr schon hundertmal gesagt. Und sie hat hundertmal nicht zugehört. Wie muss man es also machen? Sie weiß es wirklich nicht. Und wenn sie es ihr zum hundertundersten Mal sagen würde, sie würde immer noch nicht zuhören.

»Du wärst wirklich eine schlechte Hausfrau geworden, mein Kind. Was für ein Glück, dass du nie geheiratet hast.«

»Sie haben recht. Manche Frauen sind nicht dafür geschaffen, Kinder zu bekommen.«

Mutter geht mit schleppenden Schritten wieder weg, ihre Pantoffeln schleifen, knirschend wie Schmirgelpapier, über den Boden. Emily betrachtet die Stapel vor sich, widersteht der Versuchung, die Kleidung ihrer Mutter zu zerknautschen, zu zertrampeln. Stattdessen nimmt sie eines ihrer eigenen Unterhemden in die Hand, ein perlgraues, knüllt es zusammen und wirft es zu Boden. Weiter geht es mit ihren rosafarbenen Taschentüchern, den hautfarbenen Miedern, einem bordeauxroten Rock und einem blauen Unterrock, nur die einfarbig weiße Kleidung bleibt übrig, sie trägt sie in den ersten Stock und räumt sie in die Schubladen. Die Farben bleiben auf dem Boden liegen, zerwühlt, zerstört.

In ihrem Traum hebt sie die Kleidung bündelweise auf und wirft sie aus dem Fenster, mitten in den Hof, wo sie in einem Haufen von Braun, Grün, Grau, Schwarzblau und Zartlila liegen bleiben. Die Feinstrümpfe wickeln sich um die Unterröcke wie Boas. Die Kleider liegen verrenkt da. Die Röcke falten sich auf wie Fächer. Sachen aus Wolle sind darunter, solche aus Leinen, Baumwolle und kratziger Trauerspitze. Als alles daliegt, nimmt sie ein Streichholz, zündet es an, hält es einen Moment vor die Augen, bevor sie es mitten in den Haufen wirft, der sofort in Flammen aufgeht. Nichts brennt schneller als Dinge, die man aufgegeben hat.

Emily streckt die Hände zum Feuer, um sie zu wärmen. In dem Rauch, der zum Himmel aufsteigt, erkennt sie die steife Silhouette eines fast neuen Kleides und einer Wolljacke, die sie vergangenen Winter gewärmt hat.

Sophia sitzt oben auf einer Wolke, wartet darauf.

Sie ist nicht älter geworden. Quicklebendig wie mit fünfzehn schlüpft sie in das Kleid, zieht die Jacke über und stolziert darin herum, imitiert einen damenhaften Gang. Ein kleines Gespenst im Sonntagsstaat, es lacht schallend, während im Hof alles verbrennt, was nicht weiß ist.

Das träumt Emily. In Wirklichkeit hebt sie die Kleidung, die sie nicht mehr tragen wird, behutsam auf, legt sie so sorgfältig zusammen, als wolle sie sie einmotten, und packt sie dann in Kisten, die Lavinia bei ihrer nächsten Wohltätigkeitsrunde verteilen soll. Für die Armen kann es nie farbig genug sein.

In der Hitze der Feuerstelle hängt ein großer Guss-
eisenkessel, neben dem Lavinia wiegt, schüt-
tet, schält, hobelt, reibt, entkernt, entstielt, entblät-
tert, auskratzt, abbeert, verrührt, wässert, wendet,
schneidet, bepudert, salzt, pfeffert, zuckert, versüßt,
würzt, zerlegt, eintaucht, temperiert, siebt, quirlt,
begießt, zerstößt, zerkrümelt, einfettet, dünstet, ent-
hülst, entkernt, aus der Schale löst, mazeriert, mari-
niert, mahlt, walkt, formt, auslegt, bepinselt, glasiert,
nappiert, bemehlt, stiftelt, hackt, verdünnt, entgrätet,
entschuppt, ausnimmt, filetiert, zerteilt, tranchiert,
spickt, füllt, dressiert, stürzt, schwenkt, brät, bäckt,
sautiert, grillt, frittiert, simmert, püriert, pochiert.
Sie hat nie davon geträumt, eine Fee zu sein. Wozu,
wenn sie eine Hexe sein kann?

*

Lavinia strickt Fäustlinge und Schals, sie bestickt
Taschentücher, flickt Röcke, näht Schürzen. Emily
tut das Gegenteil. Während ihre Schwester andere
Menschen ankleidet, legt sie in der Stille ihres Zimmers alles ab. Erst überkommene Vorstellungen, An-
standsregeln, dann Gott und sein Gefolge, Höflich-
keitsbesuche, Pflichten und das ewige Lächeln. Bald
braucht sie nur noch aus ihrer Haut zu schlüpfen und

sich vor den Spiegel zu stellen, nichts als Zähne und vorstehende Rippen, ein schmales schneeweißes Skelett.

In Boston sahen die Leute alle aus, als wären sie mehr oder weniger entfernte Verwandte von John F. Kennedy: derselbe treuherzige Blick, dasselbe Lächeln, dieselbe einstudierte Lässigkeit. Sie wirkten wie frischgebackene Harvard-Absolventen, und ich hätte schwören können, dass sie am Wochenende *on the Cape* waren, auf Cape Cod, um mit Horden von Kindern Ball zu spielen und am Strand Muscheln zu essen. In den Geschäften und auf der Straße waren all diese Kennedys reizend, genauso lächelnd wie beflissen, und für jemanden aus Montreal, wie mich, von außergewöhnlicher Höflichkeit und Hilfsbereitschaft. Dennoch wurde ich den Gedanken nicht los, dass ihre Liebenswürdigkeit nur Fassade war. Was sich dahinter verbarg, sollte ich nie erfahren. Boston blieb für mich immer eine Papierstadt.

*

Einmal kamen wir an einem blauen Abend im Frühling, bei Einbruch der Dunkelheit, genau in dem Moment an der Ballettschule vorbei, als das große Tor geöffnet wurde. Eine Schar zierlicher kleiner Mädchen mit Dutt oben auf dem Kopf strömte heraus und rannte lachend die Stufen hinunter. An diesem Sonntag hatten sie für die Rolle der Clara im *Nuss-*

knacker vorgetanzt. Draußen auf dem Gehweg und in der Straße wurden sie von ihren Müttern erwartet, die genauso schlank waren, tadellos frisiert, von ungeheurer Eleganz in ihren Stiefeletten und weiten Mänteln, mit großen Schals um den Hals (wie machten es die Bostonerinnen, zu jeder Tages- und Nachtzeit, immer und überall, so ungeheuer elegant zu sein? Es ist mir heute noch ein Rätsel). Eine nach der anderen öffnete die Arme. Alle, von der ersten bis zur letzten, bekamen die Rolle der Mutter der Ballerina.

*

Zu jener Zeit suchten wir ein Haus am Meer, unweit der Stadt, um uns dort niederzulassen. Cape Cod schied von vornherein aus: zu teuer, zu voll, zur schönen Jahreszeit von Touristen überlaufen und an jedem langen Wochenende von den Bostonern. Wir verbrachten den Sommer seit einigen Jahren in Maine, am Cape Elizabeth, in einer riesigen Anlage, zu der Felder gehörten, Wälder, zwei winzige Friedhöfe, ein Teich, Dünen, pittoresk zu Ruinen zerfallende Gebäude aus dem neunzehnten Jahrhundert, eine Pension für Vollblutpferde, eine Piste, auf der eine Handvoll bunter Cessnas landeten, ein Obstgarten, ein kleiner Bauernhof, wo Belties gezüchtet wurden, und noch vieles andere. Das Anwesen war Dutzende Quadratkilometer groß, fast so ausgedehnt wie ein Naturreservat, und im Grunde war es eines, denn um das Haus, in dem wir uns einmieteten, sahen wir öfters Rehe, Truthühner oder Perlhühner, Hasen, Adler, und einmal sogar, in einer Wegbiegung, ein Stachelschwein, das so groß war wie ein Labrador. Zu dem Land gehörte auch ein Strand mit fast schon silberweißem Sand, weich wie Mehl, ein menschenleerer Strand, zu dem man über einen verschlungenen Pfad durch Sümpfe, Pinienhaine und Dünen gelangte, wie verschiedene kleine Reiche in einem Märchen.

So etwas schwebte mir vor, als wir an jenem Morgen Richtung North Shore aufbrachen, wie man in Boston sagt, entschlossen, so lange weiter nach Norden zu fahren, bis wir einen einladenden Küstenabschnitt fanden. Es war kalt und grau, die Bäume waren noch kahl, genauso gut hätte es ein Novembertag sein können. Um die Stadt hinter uns zu lassen, mussten wir eine gute halbe Stunde über die Route 1 fahren, Kilometer um Kilometer vorbei an Einkaufszentren, Restaurantketten, Tankstellen und Parkplätzen, wo die dicht an dicht stehenden Autos von Weitem an Käfer erinnerten, deren Panzer in der Sonne funkeln.

Wir fuhren weiter nach Norden. Bald wichen die Geschäfte einer Schlafstadt nach der anderen, scheinbar endlos. Es ist keine Affektiertheit, wenn ich nicht *Vorstadt* sage, sondern Schlafstadt; darin schwingt etwas von einem Gefängnis oder einem Krankenhaus mit, das die Atmosphäre an der Küste gut trifft, wo jenseits der Autobahn kubische Apartmenthäuser aufragten und Gebäude, die vermutlich in den Fünfzigern hochgezogen wurden, ohne jede Rücksicht auf Architektur oder Stadtentwicklung. Es sah aus, als hätte jemand mit einer gigantischen Säge einen seelenlosen kleinen Industrieort in Scheiben geschnitten und eine Scheibe hierherverpflanzt, in die Nähe der Wellen.

Wir blieben stehen, stiegen aus. Weit und breit war niemand zu sehen, kein Passant, kein Spaziergänger, nicht einmal ein Vogel. Der Wind peitschte uns ins Gesicht, ein fader und mineralischer Salzgeruch lag in der Luft. Vor uns erstreckte sich der Atlantik in kleinen, abgehackten Wellen, feuersteingrau. Es war nicht wirklich das Meer.

Unsere Emily vom Wiesengrund hat das Meer nie gesehen. Sie fürchtet sich vor der bewegten blauen Weite. In dem Prisma, das ein Wassertropfen – ein einziger – auf ihrem Fenster hinterlässt, fühlt sie sich geborgen. Wenn sie vom Ozean träumt, hat sie Angst hineinzufallen, wie man von einer Klippe stürzen kann. Sie ist gefährlich, die Annäherung an das Unendliche.

Man sagt, sie habe sich erst seltener in der Öffentlichkeit blicken lassen, sich dann in ihrem Garten verkrochen, ehe sie kaum mehr das Haus verließ, danach nicht mehr den ersten Stock, um sich schließlich in ihr Zimmer zurückzuziehen und nur noch herauszukommen, wenn es unumgänglich war. In Wirklichkeit hat sie aber längst auf viel kleinerem Raum gelebt: einem handtellergroßen Stück Papier.

Dieses Zuhause kann ihr keiner nehmen.

*

Ein paar Sätze, manchmal auch nur wenige Wörter zu Papier zu bringen genügt, um ihr Erleichterung zu verschaffen, sie für einen Augenblick zu erlösen von der namenlosen, ziellosen Dringlichkeit, die sie verzehrt. So viel wäre gerettet. Welcher Katastrophe versucht sie, ihre Verse zu entreißen? Dem Vergessen, dem Tod, diesem Inferno namens Welt? Sie könnte es nicht sagen.

Während sich das Land in einem Bruderkrieg zerfleischt, trennt auch Emily sich auf, Stich für Stich. Sie weiß nicht, wie sie sich dieses gigantische Gemetzel vorstellen soll, und den Gott, der darüber wacht, die abgebrannten Häuser und Plantagen, die Krüppel, die Felder, wo junge Männer schlafen, schön wie Puppen.

Dieses Land ist nicht mehr ihr Land. Es ist nicht mehr, will zerbersten, und ihr Herz, ihr schwaches Herz, zerbirst auch langsam mitten in den Unruhen, jeden Abend, und stückelt sich bis zum Morgen mehr schlecht als recht wieder zusammen. Jetzt weiß sie: Es war nicht die Leber des Prometheus, an der der Adler jeden Tag gepickt hat.

*

Kurz bevor ihr Tag endet, geht Emily in den Garten. Die letzten Sonnenstrahlen legen sich zum Schlafen zwischen die Blätter, in einem großen kupfernen Durcheinander, als lägen die Instrumente eines stillen Orchesters auf dem Boden, zurückgelassen von den Musikern. Irgendwo in der Nähe macht jemand ein Feuer aus Zweigen, Rauch kräuselt sich in einer dünnen, gelblichen Fahne zwischen die Gartenkürbisse, dickbauchig wie orangene, aprikosenfarbene, buttergelbe Weinschläuche. Gänse ziehen am Himmel vorüber, zerlöchern die Stille mit ihrem Schrei, dann legt sich langsam wieder Ruhe über alles, wie bei einer Wunde, die vernarbt.

Exakt in diesem Augenblick, mitten im Herbst, steht Emily am Zusammenfluss zweier Ewigkeiten – dem verschwundenen Sommer, dem nahenden Winter. Sie muss stehen bleiben, ganz still, mit erho-

benem Kopf, um nicht zu versinken, weder in der ei-
nen Ewigkeit noch in der anderen; mit vorsichtigen
Schritten muss sie weitergehen, auf der Faser eines
Grashalms.

8

Hundert Jahre nach Emily Dickinsons Tod sagte ein Dichter aus Montreal:

Poetry is just the evidence of life. If your life is burning well, poetry is just the ashes. Sometimes you can confuse yourself and try to create ashes instead of fire.

Ich bin mir sicher, Emily Dickinson hat nie versucht, Asche zu erschaffen. Feuer? Vielleicht. Aber eigentlich glaube ich, die Flammen loderten auf ihrem Weg auf, ohne dass sie es merkte, so vertieft war sie darin, ihre Blumen zu gießen.

Aus den Mädchen von Mount Holyoke sind Frauen geworden. Die meisten haben geheiratet, und fast jede, die geheiratet hat, ist Mutter geworden. Soweit Emily sieht, hat sich keine ihren Jugendtraum erfüllt, den sie sich erzählt haben, als sie in ihren weißen Nachthemden im Kreis zusammensaßen, mit dem ganzen Leben noch vor sich. Keine außer ihr.

Sie wohnt schon lange in ihrem Papierhaus. Man kann nicht beides haben, das Leben und die Bücher – es sei denn, man entscheidet sich endgültig für die Bücher und legt sein Leben darin nieder.

Emily ist kein bisschen neidisch auf die angesehenen Bürgerinnen, die ihr vom Beruf ihres Mannes erzählen, von der Einrichtung des Kinderzimmers, dem Jüngsten, der immer noch nicht laufen kann. Was sie umtreibt, ist die Frage, wo die jungen Mädchen von jenem Abend hin sind. Wohin sind ihre Träume verschwunden? Kann man sich so verändern und trotzdem auf denselben Namen hören?

Plötzlich geht ihr der Gedanke durch den Kopf, dass die jungen Mädchen immer noch in Mount Holyoke sind. Sie könnte die Tür des Schlafsaals öffnen und würde sie dort im Kreis sitzen sehen, mit leuchtenden Augen im goldenen Schein der Lampe.

ᘒ

Die Orte, an denen man einmal gelebt hat, bewohnt man, nachdem man sie verlassen hat, noch lange weiter. Wenn ich heute an einer Wohnung vorbeikomme, wo früher eine Freundin mit ihrer Familie lebte, höre ich immer noch das Kindergeschrei. Jedes Mal, wenn ich durch die Rue Souvenir gehe, muss ich mich zusammenreißen, um nicht bei der Wohnung im zweiten Stock zu klingeln, wo mein Mann und ich unsere ersten fünf gemeinsamen Jahre verbracht haben, mit Fido, der Tabby-Katze, Vendredi, dem Siamesen, Viktor, der Deutschen Dogge. Ein Teil von mir ist der festen Überzeugung, dass ein fünfundzwanzigjähriger Fred mit runderem Gesicht und ohne ein einziges graues Haar mir die Tür öffnen würde. Eine weitere Version von uns lebt immer noch mit dem Hund Viktor in dem Cottage, das zum Inn by the Sea auf Cape Elizabeth gehört. Genau jetzt liegt Viktor auf dem Teppich, die Schnauze zwischen seinen riesigen Pfoten. Er wartet auf uns. Diese unterschiedlichen Wir an unterschiedlichen Orten existieren alle gleichzeitig.

Emily lebte als Kind und dann wieder als Erwachsene im Homestead, dessen Name allein schon den Ort als Inkarnation dessen ausweist, was ein *home* ist – mehr als ein Haus, ein Zuhause; mehr als ein Zuhause, das Feuer, das dort brennt. Der

Ort, an dem wir nicht nur wohnen, sondern auch leben – mehr als nur der Ort: das Leben selbst, das dort pulsiert?

☙

Zu jener Zeit kommen noch viele Gäste. Das Haus lockt die besten Kreise Amhersts und anderer Orte an, Anwälte, wohlhabende Geschäftsleute, Pastoren, sogar Verleger, sie finden sich ein, um Klavier zu spielen, zu singen und sich angeregt zu unterhalten.

Als alleinstehender Mann wäre Samuel Bowles einer wie alle anderen gewesen (zumindest, wenn die auch eine so wichtige Zeitung wie den *Springfield Republican* besessen hätten). Doch sein Ansehen hängt nicht mit seiner Zeitung zusammen, sondern mit seiner Ehefrau Mary. Umgekehrt schätzt man an ihr, dass sie mit diesem brillanten Mann verheiratet ist. Bald sind sie Stammgäste in beiden Häusern. Genauso bald schreibt Emily ihnen, wie immer bei Menschen, die sie mag oder von denen sie gemocht werden will; ihre Briefe sind lebhaft, zärtlich, verspielt wie junge Hunde.

Indem sie dem einen oder anderen schreibt (oder beiden nacheinander), schreibt Emily einem einzigen, mannigfaltigen Wesen, Darsteller und Zeuge zugleich, eine vertraute Dopplung für sie, die bei ihrem Versuch, gleichzeitig zu leben und das Leben zu schreiben, stets gespalten ist.

Mann und Frau scheinen beide vergrößert, erweitert durch den Blick des anderen, wie durch ein

Brennglas. Die Anwesenheit eines dritten Pols bei ihrer brieflichen Konversation ist beruhigend, wie ein Geländer an einem Abgrund, das einen davor schützt hinunterzustürzen. Dieses Phantom ist der eigentliche Adressat der meisten Briefe, die Emily fieberhaft schreibt, im Licht ihrer Lampe, bemüht, geistreich genug für beide zu sein, und den einen auf dem Umweg über den anderen in ihren Bann zu ziehen. Es ist zugleich eine doppelte und eine halbe Liebe.

Wohin Lavinia auch geht, eine Horde Katzen folgt ihr. An jenem Morgen sind es drei: ein dicker rotweißer Kater, ein kleines schwarzes Kätzchen, das Emily zum ersten Mal sieht, und eine Tigerkatze, deren runder Bauch verrät, dass sie bald werfen wird.

In der Küche steht immer ein Schälchen mit frischer Milch, aus der alle Katzen aus der Nachbarschaft trinken, bevor sie ihr um die Beine streichen. Man hätte schwören können, dass sie zufrieden mit ihnen schnurrt. Carlo, Emilys Hund, macht sich einen Spaß daraus, die Milch mit einem einzigen Zungenschlag aufzulecken, vor den Augen der Kätzchen, die sich empören über seine schlechten Manieren.

Der Hund schläft an Emilys Fußende. Hin und wieder zucken seine Lefzen. Er macht im Schlaf Jagd auf Albtraum-Geschöpfe. Emily schmiegt ihre eisigen Füße an seine warme Flanke, schiebt ihre Zehen zwischen das raue Fell. Was, zum Teufel, soll sie mit einem Mann anfangen?

Lavinia schläft inmitten ihrer Lieblinge, den großen und den kleinen. Keiner wird bevorzugt. Jeder für sich stellt die süße *Idee* einer Katze dar, tausendfach dekliniert.

In der Kupferwanne treiben ihre Haare in schwarzen Algensträhnen. Ihre zu dünnen Arme und Beine sind lange weiße Aale. Fast unmerklich taucht sie im lauwarmen Wasser unter, Millimeter für Millimeter, bis ihr Gesicht unter einer durchsichtigen Schicht liegt, wie Eis. Sie lässt die Augen offen.

Mit über vierzig Jahren ist sie unfruchtbar, *barren*, wie man es von Erde sagt, die nichts hervorbringt, von Fischen, die keine Eier legen, und von allen anderen, die, weil sie kein anderes Leben haben als ihr eigenes, nach ihrem Tod nicht überleben werden. *Barren* wie *bare*, nackt, mit ihren schlaffen Brüsten – leeren kleinen, blaugeäderten Säcken –, ihrem Bauch, der ausgeleiert ist, obwohl er nie etwas umschlossen, getragen hat, ihren Beinen und ihrer Vulva, die seit Langem keine anderen Liebkosungen mehr kennt als die der Bettwäsche, wenn sie schläft.

Die unfruchtbare Frau ist nackt, so kahl und ohnmächtig wie ein Baum im Winter. Emily macht sich nichts vor. Ihre Gedichte sind keine Papierkinder. Sie sind, bestenfalls, Schneeflocken.

Die Zeit vergeht nicht, sie steht still. Jeder Tag dauert eine Ewigkeit, ein ganzes Leben in den Stunden zwischen Sonnenaufgang und Sonnenuntergang. Jede Nacht ist ein kleiner Tod. Trotzdem wacht sie am nächsten Morgen auf, erstaunt, da zu sein. Eine neue Chance wird ihr geboten, aber was soll sie damit?

Sie steht auf, tritt ans Fenster. Das Wetter ist trüb. Ein leichter Nieselregen fällt, er hinterlässt eine dünne glänzende Schicht auf den Blättern. Nebel steigt im Garten auf, die Bäume zeichnen sich als geisterhafte Silhouetten ab. Sie fröstelt, zieht den Schal enger um die Schultern, entfacht wieder das Feuer, das über Nacht erloschen ist. Das trockene Holz knistert, Funken steigen im Kamin auf. Mechanisch öffnet sie eine Schreibtischschublade, nimmt ein Stück Papier heraus und hält es unter die Nase. Das Gedicht riecht nach Nelke.

*

Sie braucht nur so wenig, dass sie genauso gut tot sein könnte – oder nie gelebt haben.

B eim Schreiben radiert sie sich aus. Sie verschwindet hinter dem Grashalm, den wir ohne sie nicht
bemerkt hätten. Sie schreibt nicht, um sich *auszudrü-*
cken, wie ekelhaft; das Wort erinnert sie an ein anderes, *aushusten*, und in beiden Fällen kann das Re-
sultat nur scheußlicher, schmieriger Schleim sein. Sie
schreibt nicht, um sich hervorzuheben, sondern um
zu bezeugen: Hier hat eine Blume gelebt, drei Tage
lang, im Juli des Jahres 18**, eines Vormittags in einem Schauer umgekommen. Jedes Gedicht ist ein
winziges Grab zum Gedenken an das Unsichtbare.

Sie ist aus Fleisch, Blut und Tinte. Die Tinte fließt
in ihren Adern, die Worte, die sie schreibt, sind him-
beerrot, direkt aus den zarten blauen Linien ge-
schöpft, die unter ihrer Haut pulsieren.

Sie erinnert sich an den Dichter in Mount Holyoke,
der erklärt hatte, er wolle seine Gemütsbewegungen
zu Papier bringen – dieses verabscheuungswürdige
Geschöpf war überzeugt, dass seine Seelenlandschaft
interessant genug war, um andere einzuladen, dort
spazieren zu gehen und die Blumenbeete und Rabat-
ten zu bewundern …

Er war nicht nur unfähig, echte Lyrik zu schaffen, sondern, ein glücklicher Unschuldiger, unfähig,
diese Tatsache zu erkennen, wie ein gehörlos gebore-
ner Mensch, der jemanden auf den Tasten eines Kla-

viers herumdrücken sieht und beschließt, eine Sonate zu schreiben, indem er auf gut Glück, in einer seinem Auge gefälligen Reihenfolge, auf den schwarzen und weißen Tasten klimpert. Niemals würde er wissen, was er nicht wusste.

Dabei hatte dieser Mann Ideen, das sah man auf den ersten Blick, und die waren ihm wichtiger als alles andere.

Er hegte und pflegte sie, sog ihren Duft ein und bedrängte die anderen, es ihm nachzutun. Emily dagegen schreibt über die Welt, die sie bewohnt, aber in dem Wissen, dass sie schöner wäre, wenn niemand sie bewohnte.

Autor, vom lateinischen *augere*, erweitern. Der Autor ist einer, der hinzufügt. An den Blumengarten draußen knüpft auf der anderen Seite des Fensters der Papiergarten an, den Emily im Winter pflegt.

Am Tisch vor dem Fenster bringt sie den verschwundenen Garten zu Papier, den sie allein noch unter dem Schnee sehen kann, ein halb ausgelöschter Text, den sie mit zusammengekniffenen Augen entziffert, bevor er sich ganz auflöst. Es wird früh dunkel. Schon um drei Uhr nachmittags legen sich die Schatten zum Schlafen auf den Boden, der ganze Park ist ein liegender Wald, gepresst zwischen den Seiten eines riesigen Herbars. Sie taucht weiter ihre Feder ins Tintenfass, obwohl sie drinnen wie draußen kaum mehr als Umrisse erkennt.

Suppenduft und Geschirrklappern steigen aus der Küche herauf. Sogar in all diesem Weiß muss man essen. Plötzlich birst ein Kontingent struppiger weißer Rüben mitten in die erfundenen Lilien und Zinnien, ein Heer gelber Kartoffeln, angeführt von einem Kohl, dem ein Teil seines Kopfes fehlt. Mehr braucht es nicht, schon wuchert der Papiergarten kreuz und quer, füllt sich mit zauseligen Unkräutern, aus denen Emily Kränze flicht, statt sie durchzustreichen.

Schreiben, *scribere*, in der Erde wühlen, graben,

auskratzen. Sie hebt den Kopf zu den Bäumen draußen und sieht sie nicht. Im Dunkeln hat sich ihr Fenster in einen Spiegel verwandelt.

Autor, *auctor*, bedeutet auch: Gott. Was soll das heißen? Sie weiß es nicht. Wer braucht schon Gott, wenn es Bienen gibt?

Wie schaffen es die anderen, ihren Beschäftigungen nachzugehen, den großen wie den kleinen, ihren Beruf auszuüben, Kleider zu nähen, Kinder zu bekommen, an Picknicks teilzunehmen? Wie gelingt es ihnen, sich loszureißen von dieser Verzauberung, die sie erfasst, wenn sie nach draußen blickt? Sehen deren Augen nicht dasselbe wie ihre? Oder vielleicht sind ihre Fensterscheiben nicht so klar.

Emily und Lavinia sitzen in der Küche und ent-hülsen Erbsen, die in ihren Fingern kullern wie Murmeln. Auf einer Seite eine getöpferte Schale voller kleiner Samen, rund und grün, auf der anderen die prallvollen Schoten. Die leeren Hülsen häufen sich auf einem sauberen Tuch auf.

»Wenn ich im ganzen Leben nur noch eine Gemüsesorte essen dürfte«, sagt Lavinia plötzlich, »dann wären es Erbsen.«

Emily stimmt ihr zu – nicht, weil sie Erbsen besonders gern mag, sondern weil die Vorstellung, *in ihrem ganzen Leben* nur noch eine Sache zu essen, ihr sehr erholsam erscheint.

Alle sind sich einig, dass Emily Dickinson nur eine Schwester hatte, Lavinia, genannt Vinnie, zwei Jahre nach ihr geboren. Aber in Wirklichkeit hat sie, versteckt in ihrem Zimmer, drei weitere Schwestern: Anne, Charlotte, Emily, wie sie. Die Brontës leben dort einträchtig mit dem Rest von Emilys Familie zusammen: Browning, Emerson, Thoreau.

Emily, die nie zur Messe geht, kniet sich jeden Morgen vor die Blumen. Sie jätet nicht gern Unkraut, die so genannten Un-Kräuter sind den anderen Kräutern ebenbürtig, und sie lässt sie inmitten all dessen stehen, was sie selbst angepflanzt hat. Der Garten gehört ihr nur halb; die andere Hälfte verdankt sie den Bienen.

Emily begrüßt die Pflanzen leise beim Namen, als riefe sie junge Mädchen: Iris, Rosa Carolina, Jasmin, Viola, Dahlia, Hortensia. Zur Antwort geben die Blumen ihr ihren Namen: Emily, *aemula*, Rivalin. Sie ist die weißeste aller Lilien. Emily, die bei jedem Festmahl fehlt.

In Scarborough, direkt am Atlantik, liegt einer der schönsten Wege Neuenglands. Am Ufer stehen lichtdurchflutete Villen, gedeckt mit Schindeln aus Zedernholz und durchbrochen von Fenstern, in denen sich Himmel und Meer spiegeln. Vor den Häusern sind grasbewachsene Dünen und ein Strand mit so feinem Sand, dass er aussieht wie heller Rohrzucker, dann kommt der Ozean; hinter den Villen, jenseits des Weges, sind nur Wald und Sumpf. Die Häuser stehen exakt auf der Grenze zwischen zwei Arten Wildnis, und das entspricht in gewisser Hinsicht genau der Definition eines Hauses: Hafen, *havene*, Ankerplatz und Zuflucht.

Der Weg heißt: *Massacre Lane*. Nie könnte ich dort wohnen. Der Geist von Richard »Crazy Eye« Stonewall soll seit seinem Begräbnis im Jahr 1697 in der Gegend spuken, weil er sich immer noch an den Indigenen rächen will, die seine Frau und sein neugeborenes Kind einige Jahre vor seinem Tod umgebracht haben, aber vor ihm fürchte ich mich nicht. Genauso wenig fürchte ich mich vor den Geistern der achtzehn Siedler, die zusammen mit etlichen anderen im Jahr 1703 die Halbinsel Prouts Neck erfolglos vor den Angriffen selbiger Indigener verteidigten und dabei ums Leben kamen. Aber ich könnte nicht ein Dutzend Mal am Tag das Wort *massacre* lesen, auf verschickten oder erhaltenen Umschlägen, auf Formularen, Lieferscheinen und Straßenkarten. Ich könnte es nicht aussprechen, wenn Freunde und Verwandte uns besuchen wollen, es Lieferanten nicht buchstabieren, es nicht ein Dutzend Mal pro Woche wiederholen. Kurz, was mich augenscheinlich mehr irritiert als das oder die Massaker, ist das Wort selbst, das einerseits an ihre Stelle tritt (sie also gewissermaßen aufhebt) und sie andererseits vervielfacht (sie also gewissermaßen verewigt). Für mich sind alle Straßen in erster Linie Papierstraßen.

Das Haus, das wir – nicht weit von dort – fanden, liegt ebenfalls direkt am Meer, in einem Ort mit ganz anderen Straßennamen: Shell, Pearl, Shipwreck, Vesper, Morning.

Als ich zum ersten Mal über die Schwelle trat, wusste ich, wir sind zu Hause angekommen. Kaum war man drinnen, entdeckte man hinter den großen Esszimmerfenstern das Meer und den Himmel. Vom Schlafzimmer im oberen Stock aus hatte man denselben weiten Blick: Sand, Wasser, Himmel und zur Rechten, wie in einer Perspektivstudie, die bizarren, mit Zedernholzschindeln gedeckten Häuser in der Bay Street, die in der Ferne immer kleiner wurden. Am Horizont, hinter Prouts Neck, war die niedrige Silhouette von Biddeford zu erahnen. Als beobachte man die Küste von einem Leuchtturm aus.

Wir ließen die Möbel und Kartons voller Hausrat liefern, die wir für die Wohnung in Boston gekauft hatten und die, nach unserer endgültigen Rückkehr nach Outremont, zwei Jahre eingelagert gewesen waren.

Staunend, als gehöre er einem Fremden, packte ich einen Gegenstand nach dem anderen aus – hatten wir wirklich, für eine Weile, dieses geheimnisvolle andere Leben geführt? In einem Karton fand ich einen Windeleimer; in einem anderen die Utensilien zum Reinigen von Babyfläschchen, Bürsten, Abtropfständer, Spülmittel. Ich musterte meine Tochter, die in dem mit Kartons vollgestellten Wohnzimmer spielte. Sie war jetzt drei. Das Baby, für das all diese Dinge gewesen waren, gab es nicht mehr.

Die Grille und das kleine Bild fand ich im letzten Karton. Der Stich hieß nicht *True North*, wie ich gedacht hatte, sondern *True Azimuth*, das ist nicht dasselbe, denn das Azimut ist der Winkel zwischen der Richtung eines bestimmten Gegenstands und einer Referenzrichtung, meistens der magnetische Norden. Es ist wesensgemäß ein Unterschied, eine schräge Linie, die nur im Verhältnis zu etwas anderem existiert, von dem es sich entfernt.

Tell all the truth but tell it slant, schrieb Emily Dickinson, die das Reisen genauso hasste wie ich.

Ich stellte die Grille auf den Kaminsims. Endlich hatte sie den richtigen Platz gefunden.

Mahagonimöbel sind gute Gefährten: Sie sind robust, treu und still.

An den Wänden ranken Rosen, armselige Cousinen der Rosen im Garten – ihnen fehlen der Duft, das Samtige der Blütenblätter, der Morgentau. Außerdem hat der Maler vergessen, ihnen Dornen zu geben.

Emily geht zu den Fenstern, um sich zu vergewissern, dass sie einen Spaltbreit geöffnet sind – genug für zwei Finger, nicht für drei, dann kommt der Maiglöckchenduft herein, aber nicht der Geruch des Stinktiers. Die Vorhänge zieht sie kaum zu. Der Mond ist fast voll, eine Silbermünze, drei Viertel alt.

Sie scheucht eine von Lavinias Katzen hinaus, die sich auf einem Küchenstuhl räkelt, dicht bei der Butterdose. Sie rückt die Bücher mit Goldschnitt auf dem Kaminsims wieder gerade, geht in die Hocke, um sich zu vergewissern, dass die Glut lauwarm ist.

Die Öllampe, eine Wasserkaraffe, Emersons Gedichte kommen auf ihren Nachttisch. Mit dem Zeh tastet sie nach dem Nachttopf unter dem Bett. Die Tür ist zu, das Universum geschlossen, wasserdicht. Jetzt kann sie den Anker lichten.

*

Wenn sie nachts aufsteht und zum Fenster geht, knarren die Dielen leise unter ihren Füßen. Sie kennt sie alle beim Namen: *do, ré, mi, fa, sol, la, si, do* – C, D, E, F, G, A, H, C.

Sie wacht oft auf, schreibt dann die Briefe, zu denen sie im Lauf des Tages nicht gekommen ist. Ihre Nachrichten sind zehn, acht, sieben Zeilen lang und ganz leicht, als sollten sie zusammengerollt am Fuß eines Spatzen verreisen.

Die Gänsefeder kratzt fast so auf dem Papier, als wolle sich eine Maus durch eine harte Schale knabbern, um an eine Mandel heranzukommen. Das Geräusch leistet dem Lampenschein Gesellschaft, wenn das Haus schläft, in der Finsternis, die den Abend vom Morgen trennt. Emily fühlt sich nie weniger allein als in diesen Stunden, in denen sie sich übers Papier beugt, die Erinnerung an die Gans in der Hand, die imaginäre Maus in der Ecke, in ihrer Lampe Öl von einem riesigen Walfisch, und die Tinte – Tinte aus dem sagenhaften Bauch eines achtarmigen Unterwassergeschöpfs. Noch bevor das erste Wort geschrieben ist, erinnert die Tinte sich schon an Wunder.

Zu Lebzeiten werden nur eine Handvoll Gedichte veröffentlicht, die meisten anonym und in stark bearbeiteter Fassung. Sie hat schon lange beschlossen, dass »schreiben« nicht nur ein intransitives Verb ist, sondern auch ein Selbstzweck. Wozu veröffentlichen, wenn nicht wegen der plumpen Befriedigung, den eigenen Namen in Büchern oder Zeitungen gedruckt zu sehen, gesetzt aus den gleichen Bleilettern wie auch die Namen Byron und Shakespeare. Wegen des eitlen Vergnügens zu wissen, dass Hunderte oder Tausende unbekannter Augenpaare sich, gleichgültig oder neugierig, auf die eigenen Worte legen werden, die dieses Abenteuer nur beschmutzt überstehen können – oder zerlesen.

Schreibt man je für die anderen, diese realen Wesen, die Emily draußen vor dem Fenster ihrem Tagesgeschäft nachgehen sieht: Wagen lenken, Verträge abschließen, mit Kühen handeln, Stoffe verkaufen? Oder schreibt man im Grunde immer nur für eine bestimmte – wirklichkeitsferne und erhabene – Vorstellung des Anderen, die die Seele sich ausmalt wie ein Brennglas, wenn sie von sich selbst träumt?

Einen solchen Leser malt Emily sich schon lange aus, wie den Märchenprinzen oder den reichen Verlobten, von dem die meisten jungen Mädchen in Mount Holyoke träumten. Sie sieht diesen ihr in jeder Hinsicht überlegenen Meister: größer, edler, aufgeklärter. Er allein kann den wahren Wert ihrer Gedichte erkennen. Und wenn er zufällig Chefredakteur einer Zeitschrift ist, die auch Lyrik veröffentlicht? Sei's drum.

In der Zwischenzeit sammeln sich ihre auf Verpackungen, Pappfetzen, Umschläge gekritzelten Gedichte weiter in den Schubladen an, türmen sich dort zu zerbrechlichen Papierburgen.

E mily! Überraschung!«
Aus Lavinias Ton schließt sie, dass es ein Brief
ist, vielleicht zusammen mit einem Päckchen – ein
Buch?

Mit klopfendem Herzen kommt sie aus ihrem
Zimmer, steht mit drei Schritten oben auf dem Treppenabsatz, hört die Stimme des Gastes.

»Besuch für dich!«, fährt Lavinia fort.

Erst wird ihr Herz schwer, dann rast es los, als hätte
man sie verraten. Eine Überraschung ist es wirklich,
aber eine scheußliche. Dabei wollte sie allein in der
Stille ihres Zimmers vorsichtig den Umschlag öffnen, das Blatt Papier herausnehmen, daran riechen, es
auffalten und danach den Blick darauf senken, seine
Worte ein-, zweimal überfliegen, sie dann in einer be-
liebigen Reihenfolge von Neuem lesen, sich mit dem
Brief an der Brust hinlegen, während die Wörter hinter ihren Lidern wirbeln; und jetzt sieht sie sich mit
einem Wesen aus Fleisch und Blut konfrontiert, mit
schmutzigen Stiefeln vom schlammigen Weg, muss lächeln, Fragen stellen, so tun, als lausche sie den Ant-
worten, das alles, während sie auf das Glück wartet,
wieder allein zu sein, um ihm zu schreiben oder einen
seiner alten Briefe erneut zu lesen. Auf Zehenspitzen schleicht sie rückwärts zurück zu ihrem Zimmer,
vorsichtig, damit die Dielen nicht knarren. Sie zieht

die Tür hinter sich zu. Carlo hebt den Blick zu seiner Herrin. Ein Hund hat einen riesigen, für Menschen uneinholbaren Vorteil: Er spricht nicht.

»Mir haben Ihre … kleinen Textchen gut gefallen«, setzt der an, dem sie irrtümlicherweise – das weiß sie, sobald er den Mund aufmacht, der groß ist und voller Zähne – einige Gedichte geschickt hat; nicht in der Hoffnung, dass er sie veröffentlicht, sondern dass er sie durchschaut.

Sie nickt vorsichtig, eine Geste, die genauso bedeutungslos ist wie seine höflichen Worte. Wie konnte sie nur glauben, dass dieser Mann sie verstehen würde? Und vor allem: Wie kommt es, dass die Menschen immer weit hinter dem zurückbleiben, was ihre Fotos, Artikel, Briefe suggerieren? Emily kennt die Antwort: weil ihr die Papierwesen ans Herz gewachsen sind, und die haben nichts mit den angesehenen Bürgern zu tun, die sie anschließend kennenlernt, Männern mit Schuhen, einem Schnauzer, Asthma, einer Knoblauchfahne und Hosenträgern. Sie selbst versucht seit Jahren, sich in ein Papiergeschöpf zu verwandeln – nicht mehr essen, schwitzen, bluten, nur noch Lesende und Schreibende sein.

Der Mann vor ihr räuspert sich. Ist es zu früh, sich für seinen Besuch zu bedanken und ihm den Rücken zuzukehren?

»Ihre Bilder sind hochinteressant, das stimmt schon, aber manchmal doch, wie soll ich sagen …«

Fast möchte sie ihm zu Hilfe eilen, so unbehaglich

scheint er sich zu fühlen, dabei kocht sie vor Wut, weniger auf ihn als auf sich selbst, weil sie sich, wieder einmal, dazu hat hinreißen lassen zu hoffen.

»… ein wenig obskur oder kompliziert? Muss eine junge Frau wie Sie wirklich wissenschaftliches Vokabular verwenden? Was soll das denn heißen, der *Kreisumfang*? Muss man wirklich auf *Axiome* zurückgreifen, auf die *Philologie*? Wäre es nicht besser, über Gefühle zu sprechen als über Mathematik?«

Emilys Schweigen scheint ihn zu ermutigen. Gewollt herzlich fährt er fort:

»Und warum sollte man diese Texte eigentlich Gedichte nennen, wenn sie doch in Prosa geschrieben sind?«

Das geht zu weit. Emily zuckt zusammen vor Abscheu.

»Wie kommen Sie darauf?«, fragt sie in ausdruckslosem Ton.

Peinlich berührt kratzt er sich das Kinn, wo ein dichter Bart wächst. Wieso vergisst sie nur immer wieder, dass Männer haarige Tiere sind?

»Ganz einfach: Es reimt sich nicht.«

Daran liegt es also. Blitzartig erinnert sich Emily an eine Unterrichtsstunde von Mrs. Lyon über reiche, reine, platte Reime. *Cat, hat. Fish, dish. Love, dove.* So ein Blödsinn.

Sie, die mit Reichtum, Reinheit, Plattitüden nichts anfangen kann, kennt ausschließlich unreine Reime und schwebende Betonungen – wie es sich gehört.

Ruhig steht sie auf, nickt dem Besucher zu und geht. Es reimt sich nicht. Sie kann sich ein Lächeln nicht verkneifen.

Die Welt. Die Welt ist klein wie eine Orange. Sie ist irrsinnig komplex und absolut schlicht. Die Welt kann durch Worte ersetzt, neu geschaffen, zunichtegemacht werden. Sie existiert auf der anderen Seite des Fensters – mit anderen Worten: Sie existiert nicht. Aber das existiert: das Flackern der Kerze, der Hund zu ihren Füßen, die Baumwolllaken, die in dem Wörterbuch zwischen den Einträgen *Januar* und *Jetzt* gepressten Jasminblüten, die Glut im Ofen, die Gedichte, die in der Schublade pulsieren. Die Welt ist schwarz und das Zimmer weiß. Es wird von den Gedichten erhellt.

Die Schneiderin klingelt zur vereinbarten Zeit. Sie hat sie erwartet und ist mit wenigen Schritten bei der Tür. Der Tee steht schon auf dem Tisch. Die Frauen tauschen kurz Höflichkeiten aus, die Lebenden, die Toten, die Neugeborenen, sie haben sich seit Monaten nicht gesehen. Dann gehen sie in den ersten Stock.

»Möchten Sie dieses Jahr vielleicht etwas anderes?«, fragt die Schneiderin und holt ihr Maßband heraus, ihre Stoffe, ein Stück Schneiderkreide, einen Stift und Seidenpapier.

»Nein. Exakt dasselbe.«

Die Schneiderin hebt den Kopf. Ihre Kundin entkleidet sich gerade hinter einem japanischen Paravent, auf dem Pfauen ihr Rad schlagen. Sie sieht nur noch die Oberseite des Kopfes und die blassen Arme, die sich strecken, um ein Unterhemd auszuziehen.

Sie lässt nicht locker. »Etwas Farbe, vielleicht?«

Die Frau tritt in Mieder und Unterrock hinter dem Paravent hervor. Rasch nimmt die Schneiderin Maß – Schultern, Brustumfang, Taille, Hüften, Arme, Rücken –, genau wie im vergangenen Jahr.

»Nur Weiß. Dreimal dasselbe Kleid.«

»Alle drei in Weiß?«

Die Schneiderin scheint bedauernd nachzugeben, als würde diese Bitte ihrem Können nicht gerecht.

»Alle drei in Weiß«, bestätigt die Frau, die sich schon wieder anzieht.

Seufzend packt die Schneiderin ihre Utensilien ein. Sie trinkt einen Schluck Tee, der sie kaum wärmt. Lavinia begleitet sie zur Haustür, während Emily, im oberen Stockwerk, ihr Zimmer nicht verlassen hat. Die Kleider werden ihr um die Brust etwas zu weit sein, die Ärmel ein bisschen zu kurz, denn ihre Schwester hat nicht exakt dieselben Maße wie sie.

Wenn sie doch bloß dafür sorgen könnte, dass Lavinia auch an ihrer Stelle liebte, dann wäre sie vollkommen frei.

Die Bäume biegen sich im Wind wie Flammen. Emily würde gern die riesige Hand Gottes darin sehen, der geruht, sich für einen Augenblick zur Erde herabzubeugen. Doch als sie den Blick zum Himmel hebt, sieht sie nur die hereinbrechende Nacht.

Es dauert lange, bis sie merkt, dass alles allmählich dunkler wird, und noch länger, bis sie akzeptiert, dass es an ihrer nachlassenden Sehkraft liegt und nicht an ihrer Einbildung oder an zu schwachen Lampen. Aber die Schmerzen lassen sich nicht leugnen, sie halten sie bis in die frühen Morgenstunden wach.

Der Arzt in Amherst schickt sie zu einem Spezialisten, einem Ophthalmologen in Boston, sechs Stunden von zu Hause entfernt, am anderen Ende der Welt.

*

Neben dem Konsultationsraum warten drei Damen der gehobenen Bostoner Gesellschaft, die sich derartig ähneln, dass man sie für Cousinen oder gar Schwestern halten könnte mit ihrem eckigen Kinn, den blauen Augen, dem höflichen Lächeln und den tadellosen Blusen. Emily, der alles in der Stadt fremd ist, hat mehr denn je den Eindruck, ein Hund unter Katzen zu sein.

Die Tür geht auf, sie ist an der Reihe. Der Arzt ist nicht sehr groß, trägt eine runde Brille, hat einen kleinen Kugelbauch und eine Glatze. Er ist zum Fürchten.

Er untersucht Emily, fragt sie aus, horcht sie ab. Sie gibt sich große Mühe, ihm die Schmerzen zu schildern. Ihr fehlen die Worte. Er leuchtet ihr in die Augen, bittet sie, immer kleiner werdende Reihen sinnloser Buchstaben zu lesen, untersucht sie dann noch einmal, diesmal, ohne etwas zu sagen. Sie wartet auf sein Urteil wie auf die Klinge einer Guillotine.

»Ich glaube nicht …«, sagt er, dann räuspert er sich. »Ich glaube nicht, dass Sie erblinden werden.«

Emily atmet auf.

»Aber das Leiden ist schon weit fortgeschritten«, sagt der Arzt, »und Ihre Augen müssen sich dringend erholen. Wenn Sie Hoffnung auf Genesung haben wollen, dürfen Sie zwei, vielleicht sogar drei Monate nicht lesen und nicht schreiben.«

Emily bleibt die Luft weg. Man hat ihr also nur die Sicht zurückgegeben, um ihr den Atem zu rauben.

Aber das ist noch nicht alles.

»Ich würde Ihnen außerdem davon abraten, in dieser Zeit zu reisen. Es wäre besser, wenn Sie in Boston blieben.«

Schweren Herzens geht sie zurück zu ihren Cousinen, muss unterwegs den Drang, alles zu lesen, was auf Ladenschildern und in den Etalagen steht, regelrecht unterdrücken, um zu üben, ohne Worte zu leben.

Weit weg von zu Hause, ohne Bücher, verbringt Emily zwei Monate im Dunkeln – ein doppeltes Exil.

Als sie zu guter Letzt wieder nach Amherst darf, rennt sie die Treppe hoch, schließt ihre Zimmertür hinter sich, schlägt Shakespeares *Sonette* auf. Endlich zu Hause.

Als Kind bettete sie Blumen gern in Bücher, die andere geschrieben hatten. Als Erwachsene stellt sie sich eine schwierigere Aufgabe: Die auf ein weißes Blatt Papier geschriebenen Vögel und Wolken drohen ständig aufzustieben, sie mit ihrer Sehnsucht allein zu lassen.

Eines Tages ringt sie sich durch, ein paar Gedichte in einen Umschlag zu stecken, ihn an Thomas Wentworth Higginson zu adressieren, dazu die Frage: *Sind Sie zu schwer beschäftigt, um zu sagen, ob mein Vers lebt?*

Man stelle sich die Verblüffung vor, mit der er die Gedichte entziffert, wie sorgfältig er sich seine Antwort zurechtlegt. Wenige Wochen später schreibt er seinerseits und erkundigt sich nach ihren Gefährten. Emily antwortet: *Ein Hund, so groß wie ich, den mein Vater mir kaufte, die Hügel.* Und natürlich: *Die Offenbarung.*

Veröffentlichen Sie nicht«, sagt Higginson, nachdem er ihre Gedichte gelesen hat, und sie freut sich über diesen Rat, der viele niedergeschmettert hätte. Wozu veröffentlichen? Sie will keine Bücher produzieren, wollte das nie, es sind allzu oft schwere, unabänderliche Gegenstände, die muffig und nach Zigarre riechen. Die wenigen Gedichte, die sie der Welt schenkt, bleiben den Zeitungen überlassen, dünnem Papier, das nur einen Tag lebt, vergänglich ist.

Sie schreibt auf Papier, aber bloß, weil es ihr nicht gelingt, ein Album anzufertigen, das groß genug wäre für die Hagelschauer im Frühling und die starken Winde im Herbst – weil es ihr nicht gelingt, ein Schnee-Herbar anzufertigen. Sie träumt von Gedichten, geschrieben von Insekten; die würden mit ihren langen Beinen von selbst losmarschieren, ihre Panzer funkelnd wie ebenso viele Schilde gegen die Selbstgerechten und gegen diese überaus schicklichen Damen, die anfangen zu schreien, wenn sie einen Marienkäfer sehen. Sicher fangen auch die Marienkäfer an zu schreien beim Anblick all der übereinandergetürmten Röcke mit Sonnenschirmen obenauf, doch man hört sie nicht: Die Marienkäfer sind die wahren Ladys.

Sie träumt von Gedichten, die man in den Sternen lesen könnte, wenn man nur endlich die obskure Sprache ihrer Konstellationen beherrschte. Von den komplizierten Oden der Umläufe und mathematischen Kreisumfänge. Von den goldenen Sonetten, die die Bienen in den Honig schreiben. Von denen, die unser Herrgott am siebten Tag der Schöpfung verfasst hätte, um zu ruhen, wenn es ihn denn gäbe.

»Veröffentlichen Sie nicht. Ihre Schriften sind zu kostbar. Bewahren Sie sie nur für sich. Oder für mich, vielleicht.«

Eine winzige Gestalt taucht auf. Es sieht aus, als schwebe sie ein paar Zoll über dem Boden. Im ersten Moment fragt sich der Mann, ob sie Rollen unter den Füßen hat, so schnell und geschmeidig kommt sie näher. Sie ist ganz in Weiß gekleidet, hat ein zartes Gesicht, leuchtende Augen, etwas sprunghafte Bewegungen. In jeder Hand hält sie eine weiße Lilie, bietet sie ihm an, haucht: »Dies ist meine Einführung.«

Er weiß nicht, was er darauf sagen soll, und bleibt stehen, die großen Blumen in der Hand, während sie ihn ansieht, mit leicht schief gelegtem Kopf, wie ein Vogel kurz vor dem Auffliegen. Er verneigt sich. Als er sich wieder aufrichtet, ist sie verschwunden.

Am selben Abend schreibt er seiner Frau einen Brief, schildert ihr die Begegnung in allen Einzelheiten. Sie wirft ihm vor, dass er die Blumen nicht behalten hat.

*

Higginson ist ein Weiser. Oftmals findet sie Weise unerträglich. Emily ist viel lieber in Gesellschaft von Schmetterlingen, Grashüpfern und Büchern – die ebenfalls weise sind, aber still. Sie gehen einem nicht auf die Nerven mit ihrer Weisheit, sondern warten geduldig, bis man reif genug ist, sie zu ernten.

Diese Gedichte, die sie *Schnee* nennt, sind für ihn feine, luftige Flocken von beinahe übernatürlicher Zerbrechlichkeit – eine hauchzarte Spitze aus Worten. Aber wenn Emily *Schnee* schreibt, sieht sie hinter ihren Lidern die mächtigste aller Lawinen.

Sie geht leise nach draußen, als das Haus schläft. Die Straße liegt verlassen da, unter großen Bäumen. Ein paar Minuten später steht sie vor seiner Tür. Im Schlafzimmerfenster brennt Licht. Sie tritt ein, ohne anzuklopfen.

Er entkleidet sie ohne Eile, entfernt Schicht für Schicht, wie man eine Zwiebel schält, diese Rüstung aus Stoff, mit der sich die Frauen belasten – Rock, Unterrock, Unterhemd, Mieder. Langsam küsst er ihre Schultern, ihre Brüste, ihren Bauch. Dann zieht sie ihn aus, sie lieben sich unter der Decke, ohne die Kerze auszupusten. Ihre vertrauten Gerüche verschmelzen zu einem süßlich-herben Moschusduft, dem Parfum feuchten Fells. Sie kennen sich, wie das Wasser die Erde kennt.

Als sie fertig sind, wischt sie sich den Schenkel ab.

Er fragt, zum hundertsten Mal: »Willst du meine Frau werden?«

Zum hundertsten Mal lehnt Lavinia ab: »Nein.«

Sie hat so schon genug zu tun.

Emily setzt sich auf ihren Stuhl am Fenster. Es geschieht fast nichts. Der Himmel, die Bäume, das Evergreens gleich nebenan, das Zirpen der Grillen. Die Nacht bricht herein. Alles ist in Tinte getaucht. Der Mond zeigt sich, buckelig, mitten am Himmel. Ihr Herz in ihrer Brust bricht langsam. Es geschieht fast nichts.

Ich weiß immer noch nicht, ob ich das Haus von Emily Dickinson besuchen soll, und versuche, mir die Blumentapeten an den Wänden vorzustellen, die knarrenden Dielen, die Fenster im ersten Stock mit Blick auf die Hauptstraße und den Novembergarten.

Was, wenn ich mich nach dem Rundgang, statt brav dem Führer zu folgen, unter ein Bett legte oder hinter eine Tür stellte – und wenn ich bis zum Abend bliebe, wartete, bis alle weg sind, um aus meinem Versteck herauszukommen, zum Fenster zu gehen, im Dunkel, und die Überbleibsel des im ersten Herbstfrost erstarrten Gartens zu betrachten –, dann hätte ich die ganze Nacht für mich allein.

Worauf wartet sie, die dreißig-, vierzig-, fünfzig-jährige Emily? Auf die Liebe? Auf Gott? Einen Blau-häher? Jemanden, der ihre Gedichte endlich so liest, wie sie es sich erträumt? Oder einfach auf den Tod, den sie jeden Tag von Neuem zurückdrängt, indem sie noch ein paar Worte schreibt, fragile Beschwö-rungen, die im Dunkel winzig kleine Lichter bilden – Glühwürmchen.

Was mich beschäftigt, ist der Kreisumfang, schreibt Emily. Und es stimmt, sie scheint ständig am Rand von etwas zu balancieren, von einem Brunnen oder einem Abgrund, zwischen einer Welt und der anderen, auf der Grenze zwischen dem Gedicht und dem Unsagbaren, einen Apfel in der Hand, einen Fuß im Grab.

Emily Dickinsons Manuskripte werden in der Houghton Library der Harvard University aufbewahrt, man kann sie nicht in die Hand nehmen, sich aber Faksimiles ansehen, dazu Kopien ihrer Briefe an verschiedene Menschen. In der Library gibt es auch einen Raum, der schlicht der »Dickinson Room« heißt, mit verschiedenen Dingen (Möbeln, Büchern, einem Teppich) aus dem Besitz der Familie. Auch dieser Raum ist nicht echt, besichtigen kann man ihn jeden Freitag um vierzehn Uhr.

Beim *Herbarium* kommt es erst recht nicht in Frage, es sich anzusehen: zu zerbrechlich. Die Blätter der Bäume könnten, genauso wie die aus Papier, zu Staub zerfallen. Auch hier stellt die Bibliothek eine Nachbildung zur Verfügung, eine Kopie.

Bei unseren Aufenthalten in Boston besuchten wir nur zweimal das weitläufige Gelände von Harvard, wo im Schatten alter Bäume die Backsteinhäuser stehen, die man aus so vielen Filmen kennt, dass man vor Ort unweigerlich meint, durch ein Bühnenbild zu spazieren. Auch die Studierenden, die man dort trifft, wirken wie Statisten, die ebendeshalb engagiert wurden, weil sie aussehen wie Studierende. Selbst der Efeu, der an den Gebäuden emporrankt und dem die hochangesehenen Institutionen der Ivy League (Harvard, Yale, Princeton, Dartmouth) ihren Namen verdanken, scheint nur des Lokalkolorits wegen dort gepflanzt worden zu sein.

Bei meinem ersten Besuch flüchtete ich mich schließlich in die große Campus-Buchhandlung mit ihren Regalen vom Boden bis zur Decke. Die Bücher waren das einzig Echte.

*

Mit fünfundzwanzig Jahren wurde ich für ein paar Tage nach Ottawa geschickt, um Gabrielle Roys Manuskripte in den Archiven der Nationalbibliothek zu sichten. Zusammen mit einer kleinen Gruppe Masterstudierender und Doktoranden war ich eingestellt worden, um die Veröffentlichung der Fortsetzung von *La détresse et l'enchantement* vorzubereiten, die unvollendete Autobiografie der Schriftstellerin, sicherlich ihr bekanntestes Werk und auf jeden Fall das, was mir am liebsten ist.

Zwanzig Jahre später erinnere ich mich noch genau an den Tag, an dem ich, zum ersten Mal, die Hefte zwischen den (weißbehandschuhten) Fingern hielt, in die sie von Hand die paar Dutzend Seiten geschrieben hatte, die zu *Le temps qui m'a manqué* werden sollten. Ich hatte ihr Haus in Petite-Rivière-Saint-François nie besichtigt und empfand nichts Besonderes, wenn ich am Château Saint-Louis in der Grande Allée in Québec vorbeikam, wo sie zusammen mit ihrem Mann jahrelang eine Wohnung gehabt hatte. Nie hatte ich Schriftsteller-Memorabilien gesammelt – keine Erstausgaben, keine Ausgaben mit Widmung und auch keine anderen Raritäten. Trotzdem verschlug es mir an jenem Morgen plötzlich den Atem, das weiß ich noch genau: Ich hielt etwas in den Händen, was so zerbrechlich war wie ein Schmetterlingsflügel und dennoch die Zeit überdauert hatte. Diese wenigen Seiten waren Gabrielle Roys echtes Zuhause, das Bauwerk, an dem sie bis zu ihrem letzten Atemzug gearbeitet hatte, ehe sie es hinterließ – unvollendet, aber aufrecht.

Wenn ich Emily nicht in Amherst besuche, kann ich ihr nur an einem Ort begegnen, im Haus ihrer Verse. Aber wir sprechen nicht dieselbe Sprache, sie, eine Lyrikerin, und ich, eine Prosaautorin.

Die Lyrik ist immer eine Fremdsprache. Für den, der französisch schreibt und liest, ist englischsprachige Lyrik doppelt fremd, ein doppelt unbekanntes Land.

Zuerst weiß man nichts. Danach weiß man, dass man nicht weiß – die halbe Strecke.

Dann lassen uns die Wörter und Bilder nicht mehr los. Sie kommen immer wieder hoch wie halbvergessene Träume, ihre Bedeutung erschließt sich noch nicht. Sie selbst bringen uns bei, was gemeint ist. Sie selbst nähern sich dem Leser, vorsichtig, um ihn zu zähmen. Bald spaziert man durch die Verse wie durch einen ewig rätselhaften Wald, wo das Zwielicht aber von Lichtstrahlen und Pfaden erhellt wird. Bald bewohnt man diesen Wald, erkennt seine Vögel und anderen Kreaturen, schwarze Teiche und große Eichen. Bald, sehr bald beginnt dieser Wald in uns zu wachsen.

၈၁

Mit über fünfzig Jahren tut Austin etwas vollkommen Undenkbares für einen Dickinson: Er nimmt sich eine Geliebte. Mabel, fünfundzwanzig Jahre jünger als er, lebhaft, hübsch, brillant – und verheiratet. Ihr Mann, ein Astronom, störte sich nicht an der Liebschaft, aber Susan ist am Boden zerstört, als sie nach einem Abend, den Austin allein mit der jungen Frau verbringt, in seinem Tagebuch liest: *Rubikon*.

Die Lampen brennen nicht mehr so zahlreich in den Fenstern von Evergreens. Nach Sonnenuntergang ist das Haus in Dunkelheit getaucht. Die Liebe ist weggegangen, sie leuchtet jetzt woanders.

Im Morgengrauen wird Emily aus dem Schlaf gerissen, alle Glocken läuten. Lärm dringt von der Straße herauf, ein Tumult von stampfenden Pferden, schreienden Menschen und einer Art Explosionen in der Ferne.

Fast im selben Moment kommt Lavinia in ihr Zimmer gestürmt, im Nachthemd, mit offenem Haar.

»Fürchte dich nicht. Es ist bloß der 4. Juli, weißt du?«

Emily nickt ernst. Wenn die Lage so dramatisch ist, dass sie getäuscht werden muss, spielt sie das Spiel eben mit.

»Stimmt. Ich hatte es vergessen.«

Dann: »Vielleicht sollten wir zu Mutter gehen, damit sie sich nicht fürchtet.«

Die Schwestern setzen sich ans Fußende der Invalidin, die den ganzen Vormittag nicht aufwacht, während draußen die Glocken weiter läuten, die Pferde stampfen und die Menschen brüllen. Sie spielen Karten, und ein starker Geruch nach Rauch dringt durch die geschlossenen Fenster. Lavinia flicht Emilys Haare zum Kranz. Abwechselnd lesen sie Verse aus der Bibel, und die andere muss die Stelle erraten. Dann, am frühen Nachmittag, legt sich der Aufruhr, Lavinia geht in die Küche hinunter und kocht Eier fürs Mittagessen.

»Siehst du, es war bloß der 4. Juli«, wiederholt sie, während am anderen Ende des Ortes der ausgebrannte Kaufladen und sieben weitere Häuser noch qualmen.

Hätte der Wind in eine andere Richtung geweht, denkt Emily, als sie Wasser für den Tee kocht, wäre jetzt nichts mehr von uns übrig. Papier brennt so schnell.

Seit über zwei Jahren trägt Emily nur noch Weiß, die Farbe ihrer seltsamen Schneeflocken-Verse, die sie in ihren Schubladen sammelt und nicht allzu viel herumzeigt, als fürchte sie, ihre Gedichte könnten in anderen Händen als den eigenen schmelzen. In derselben Zeit ist Lavinias Kleidung immer dunkler geworden. Von Flieder färbte sie sich erst pflaumenfarben, dann dunkelbraun, und bald wird sie nur noch schwarz sein, dann trägt Lavinia alle Trauerkleidung der vergangenen und zukünftigen Toten gleichzeitig.

Eifersüchtig wacht sie über die Einsamkeit ihrer großen Schwester, die man in Amherst neuerdings bewundernd und zugleich leicht spöttisch die Einsiedler-Königin nennt. Oder: der Mythos.

Einem neuen, unangekündigten Gast, der eines Vormittags frisch rasiert, einen Veilchenstrauß in der Hand, vor der Tür steht, teilt sie mit, Emily werde nicht herunterkommen.

»Das macht nichts«, sagt der Gast, »dann gehe ich eben zu ihr hoch.«

Lavinia erschrickt. Emily, oben auf dem Treppenabsatz, erschrickt ebenfalls.

»Zu ihr hochgehen, was für ein Gedanke!«, ruft Lavinia aus. »Ich biete Ihnen aber gern einen Tee im kleinen Salon an.«

Und sie bringt die Veilchen in die Küche, setzt Wasser auf. Emily hört Schritte, die sich zögerlich Richtung Salon in Gang setzen, dann aber umkehren und zur Treppe hin gehen.

Sie eilt in ihr Zimmer, macht hinter sich zu. Der Besucher bleibt vor der geschlossenen Tür stehen und verkündet: »Ich möchte mit Ihnen über ihre Gedichte sprechen.«

Wenn er glaubt, die Tür werde sich jetzt wie von Zauberhand öffnen, hat er sich getäuscht. Immer noch in ihrem Zimmer eingeschlossen antwortet Emily: »Dann sprechen Sie.«

Auf einmal fehlen ihm die Worte, das kommt nur selten vor. In Wirklichkeit hätte er sie gern über ihre seltsamen Verse ausgefragt, in denen genauso viel Stille ist wie Wörter, sie erinnern ihn aus unerfindlichen Gründen an codierte Nachrichten, die in Flaschen geschoben und auf gut Glück ins Meer geworfen wurden. Er setzt sich. In Bodennähe, unter der Tür, dringt ein Lichtstrahl zu ihm durch. Lavinia ruft ihn aus dem Erdgeschoss, doch er antwortet nicht.

»Weshalb«, fragt er den Streifen goldener Helligkeit, »möchten Sie nicht veröffentlichen?«

Aber das wollte er eigentlich gar nicht fragen. Was er nicht versteht, ist, weshalb diese merkwürdige Frau sich dazu durchgerungen hat, ihm ihre Gedichte zu zeigen, und dann hartnäckig ablehnt, sie zu veröffentlichen. Weshalb ihm? In Wirklichkeit will er gar nicht über Emilys Poesie sprechen, sondern über sich selbst.

Emily, auf der anderen Seite der Tür, hat sich entfernt. Sie sitzt am Fenster. Ihr Herz hat sich beruhigt.
Es fängt erst wieder an zu rasen, als sie, zwischen
den Ahornblättern, einen Roten Kardinal aufblitzen
sieht.

Emily befestigt ein Hanfseil an ihrem Fenster, es schaukelt träge im Wind.

Es ist nicht als Leiter für die Eichhörnchen gedacht, obwohl schon mehrere versucht haben hochzuklettern; es ist nicht dazu da, sich heimlich im Mondschein zu Boden zu lassen – dabei hat sie oft genug davon geträumt. Nein, es dient dazu, in einem Weidenkorb, in dem ein blütenweißes Taschentuch liegt, eine Armada kleiner Gewürzmännchen zu ihren Nichten und ihrem Neffen hinabzulassen, die unten warten. Man wundert sich nicht, dass Emily Dickinson Bäckerin ist, weshalb sollte man sich also wundern, dass sie Tante ist?

Weil die Leute denken, Dichterinnen hätten keine Familie, aber das ist natürlich Unsinn. Die Dichterin ist Tochter, Schwester, Cousine. Ein Waisenkind hingegen ist das Gedicht.

*

Austin und Susan haben drei Kinder, und Emily hat den Jüngsten am liebsten, Gilbert, den einzigen Jungen. Mit blondem Haar, Augen so rund wie Planeten, spaziert er auf Gladiolenhöhe herum und begeistert sich für all seine Entdeckungen: ein aus dem Baum gefallenes Nest, eine Raupe mit langen blauen

Borsten, den Abdruck einer Hundepfote in der Erde. Die Bäume mit ihren tausend grünen Augen lauschen ihrem Gespräch, dem der ganz in Weiß gekleideten schlanken Junggesellin, die sich zum Fenster hinausbeugt, mit dem Knirps auf seinem Dreirad, der den Kopf zum Himmel reckt.

Durch ihren Neffen entdeckt Emily die Welt mit neuen Augen. Durch seine Tante sieht Gilbert sie gleichsam zum letzten Mal. Sie wissen es noch nicht – nur die Bäume –, die Bäume ahnen es insgeheim.

∽

Vergeblich sucht man in Emily Dickinsons Leben nach einem Dreh- und Angelpunkt, einer Wende. Seit Dutzenden Jahren müht man sich damit ab, als Erklärung für die eigenartige selbstgewählte Isolation in ihrer zweiten Lebenshälfte, ein einschneidendes Ereignis, ein Trauma, eine unglückliche Liebe (mit einem Mann oder mit einer Frau, ganz egal) zu entdecken oder gar zu erfinden, einen Verrat oder eine Psychose. Unser Verstand, der die Symmetrie liebt, sehnt sich nach einem *Vorher* und einem *Nachher*, getrennt durch ein Unglück, eine Tragödie oder eine Offenbarung. Die Landschaft ihres Lebens soll genauso fassbar sein wie das Relief eines Berges, dessen Gipfel den höchsten Punkt, den Mittelpunkt und den Drehpunkt zugleich darstellt.

Doch sosehr man sich den Kopf zerbricht, noch eine Biografie schreibt, Briefe und Zeitzeugenberichte durchforstet, es kommt nichts dabei heraus. Weder eine Katastrophe noch eine Wende oder ein Bruch. Emilys Rückzug ist allmählich verlaufen. Vielleicht verfestigten sich einfach ihre Gewohnheiten mit zunehmendem Alter, wie bei den meisten Menschen, und sie wurde mehr und mehr sie selbst, gab ihrem natürlichen Hang zur Einsamkeit und dem damit einhergehenden Schweigen nach. Ich finde das absolut nicht unbegreiflich – genau genommen fällt es mir schwerer zu verstehen, weshalb nicht mehr Schriftsteller eine solche Entscheidung treffen.

℘

Sie versteckt sich nicht, zieht sich nicht zurück. Sie ist im Herzen der Dinge, tief in sich selbst versunken, im Gleichgewicht zwischen den Bienen im Garten und den zwei Bären, dem Großen und dem Kleinen, die bei Einbruch der Nacht am Himmel erstrahlen, aufgespannt wie der Schattenstab einer Sonnenuhr.

Es ist ein vollkommenes Leben, dicht und hermetisch. Rund und voll wie ein Ei. Jeder Tag ein geschlossener Kreis, der mit Erscheinen der Sonne über den Baumwipfeln beginnt, golden im Sommer, kupfern im Herbst, quecksilbern im Winter, rosa im Frühjahr, und mit ihrem Verschwinden auf der anderen Seite des Himmels endet. Die schwarze Nacht: ein Leerzeichen. Der nächste Morgen: derselbe, und doch nie ganz.

In der herrlichen Wiederholung der Dinge, dieser schwebenden Zeit, gelingt es ihr momentweise, das Raunen des Grases und das Pfeifen des Windes einzufangen. Die einzige Art innezuhalten: sich exakt im selben Tempo drehen wie die Erde um die Sonne und sich dem Schwindel hingeben.

Der Herbst braucht uns nicht. Mit seinen herrlichen Gold- und Bronzetönen ist er sich selbst genug. Er hat so viele Reichtümer, dass er sie unter schallendem Gelächter zu Boden wirft. *Er* weiß es, dass der Sommer kurz ist und der Tod lang.

Emily öffnet das Fenster einen Spaltbreit, es verschlägt ihr fast den Atem. Die Düfte steigen ihr zu Kopf. Die Welt hat an Intensität gewonnen, seit sie sie von der Höhe ihres Zimmers aus betrachtet. Als würde das Fenster die Farben auf dieselbe Weise bündeln wie der früheste Fotoapparat, die Camera obscura. Um sie noch besser zu sehen, sie ganz in sich aufzunehmen, müsste man durchs Schlüsselloch schauen.

*

Es ist nicht wahr, dass sie nur noch ihr Zimmer hat. Sie hat den Starengesang, tintenschwarze Novembernächte, Hagelschauer im Frühling, vertraute Stimmen, die zusammen mit dem Geruch von Brot im Ofen aus dem unteren Stock heraufdringen, den Duft der Apfelblüten, die Wärme der von der Sonne aufgeheizten Steine am Abend, all das, was uns nach dem Tod fehlt.

*

Von Jahr zu Jahr verringert sich der Radius ihres Umlaufs, wie bei einem Seil, das sich beim Drehen unversehens um die eigene Achse aufwickelt. Von Jahr zu Jahr nähert sie sich immer mehr dem Herzen: dieses Zimmer, dieser Schreibtisch, dieses Tintenfass. Und am Ende wird die Welt auf die Spitze der Feder passen, die sie zwischen den Fingern hält.

Die Feder in Emilys Hand schreibt von selbst. Sie erzählt die Geschichte des Vogels, vom Ei in der Nestmulde bis zu den ersten unsicheren Flugversuchen, das grüne Licht des Sommers auf der Höhe des Grashalms, den Raureif im Herbst, den langen Vogelzug nach Süden, die Rückkehr im Frühjahr. Das alles erzählt die Feder dem, der weiß, wie man das Ohr ans Papier legt wie an eine Muschel. Emily, die ungewollt weiß, wie alles anfängt und endet, kann keinen Säugling sehen, ohne sich den Greis vorzustellen, der er sein wird, und genauso schimmert beim Anblick eines alten Mannes das Baby durch, das er sich nicht erinnert, gewesen zu sein.

Für einen Augenblick hebt sie die Feder, in der keine Tinte mehr ist, vom Papier. Statt sie ins Tintenfass zu tauchen, drückt sie die silberne Spitze sanft in die Mitte ihrer Handfläche. Die Feder zeichnet ihre Handlinien nach: Herz, Leben, Schicksal, Schnecke.

Mutter hat einen Schlaganfall gehabt, der sie schwächt, reduziert, sie ist wie gedämpft. Gehen kann sie noch, auch sprechen, tut es aber nur zögerlich, als wüsste sie nicht mehr, wie man das macht. Ihre Tage verbringt sie größtenteils im Bett. Manchmal verwechselt sie ihre Töchter miteinander oder erkennt sie nicht mehr. Lavinia und Emily pflegen die Kranke Tag und Nacht, füttern sie, waschen sie, lesen ihr vor.

Jeden Morgen kommt Emily mit einem Frühstückstablett ins Zimmer – Eier, Porridge, frisches Brot, Tee mit Milch –, sie öffnet die Vorhänge, erzählt vom Wetter, richtet Mutter im Bett auf und füttert sie geduldig mit einem kleinen Silberlöffel.

Emily, die sagte, sie habe nie eine Mutter gehabt – *I always ran Home to Awe when a child, if anything befell me. He was an awful Mother, but I liked him better than none* –, hat plötzlich eine Tochter.

Als wir vor ein paar Jahren unser Haus in Outremont sanierten und eine Stufe zwischen Essecke und Esszimmer entfernten (das erst nach vierzig Jahren an das Haus angebaut wurde), kamen etwa ein Dutzend kaum vergilbter Kärtchen zum Vorschein, die Heilige darstellten. Sie waren pastellfarben, etwas größer als Spielkarten, und bildeten eine merkwürdige Familie, die gleichzeitig ans Theater, an die Kirche und alte Zirkuswagen erinnerte.

Da waren die Jungfrau Maria vom Rosenkranz in Fatíma; Unsere Liebe Frau vom Kap, mit offenen Händen, bloßen Füßen, einer Aureole von Sternen, in einem Kleid mit goldenen Motiven und mit geschlossener Krone auf dem Kopf; Antonius von Padua, der Schutzpatron der verlorenen Gegenstände; der heilige Apostel Andreas; Unsere Liebe Frau vom Berge Karmel; der Summus Pontifex im Gebet (Papst Pius XII., der erstmals das Gebet des Heiligen Jahres 1950 spricht); eine Karte, die auf der Vorderseite die Wunderbare Muttergottes zeigte, über die eine Schar kleiner Engel wachte, und auf der Rückseite Unsere Liebe Frau von der immerwährenden Hilfe. Auf den anderen Karten war Christus am Kreuz zu sehen, das heilige Kind in der Krippe, die Wiederauferstehung, Jesus, wie er Kindern predigt, und, auf einer schmalen, fingerlangen Karte, ein blonder Knabe, den Arm voller Blumen.

Es wunderte mich kaum, als dieses kleine Völkchen aus dem Gips auftauchte. Ich hatte von jeher geahnt, dass wir nicht allein sind.

*

Wenn ich gefragt werde, wo ich wohne, sage ich meistens Outremont und nicht Montreal (was korrekter wäre, weil die Gemeinden vor ein paar Jahren zusammengelegt wurden und Montreal außerdem bekannter ist, zumindest bei Ortsfremden), aber mir ist sogar Outremont noch zu weit gefasst. Ich wohne in einer Straße, zwei Parks und auf dem benachbarten Berg. Sobald ich zur Van Horne komme, bin ich nicht mehr zu Hause, genauso wenig wie in der Hutchison oder in der Laurier. Mein Outremont ist winzig, dort gibt es nur Backsteinhäuser aus dem frühen zwanzigsten Jahrhundert – bei meinen Spaziergängen mit Viktor, der Deutschen Dogge, und später mit Zoë im Kinderwagen, hatte ich lange Zeit das Gefühl, die ersten Einwohner würden uns etwas fassungslos hinterhersehen. Mein Outremont steht exakt an der Stelle, an der sich das Jahr 1917 (in dem mein Haus gebaut wurde) und das Jahr 2017 (in dem ich diese Zeilen schreibe) kreuzen, ein bisschen wie bei den Spiegeln, die sich auf einen leichten Druck hin um die eigene Achse drehen und den Blick auf einen Geheimgang hinter einer Trennwand freigeben, auf ein verborgenes Nebenzimmer, einen weiteren Spiegel.

Nicht das Haus ließ ich durch den Umzug nach Boston zurück, denn das behielten wir, sondern jene Vergangenheit, in der ich nicht gelebt hatte, aber dennoch lebte: die achtzig Sommer, achtzig Winter unseres Ahorns – und das kleine Papiervölkchen, das ohne unser Wissen zwischen den Wänden gewohnt hatte.

Der Ahorn wurde gefällt, nachdem er an einem Abend bei Glatteis und starkem Wind um ein Haar das Dach weggefegt hätte. Kleine weiße Pilze wucherten gemächlich auf dem Baumstumpf. Wahrscheinlich lassen wir ihn wegmachen und pflanzen einen neuen Baum. Trotzdem schreibe ich noch im Schatten des Ahorngeistes.

*

Ich erinnere mich, mir als Kind deutlich bewusst gewesen zu sein, dass ich in einer Kinderstadt lebte.

Kurz nach meiner Geburt waren wir in die Rue de la Rivière in Cap-Rouge gezogen; wenige Jahre vorher gab es die Straße noch nicht einmal. Wir wohnten in einem kleinen Fertighaus, in dem niemand vor uns je gelebt hatte – allein schon darüber wunderte ich mich. Als wäre es ein Spielzeughaus aus Holzklötzen, war das Haus irgendwo drinnen zusammengesetzt worden (in einem größeren Gebäude?). Davor war an dieser Stelle nichts gewesen, ein schwindelerregender Gedanke. Nichts verband uns mit diesem

Ort, wir hätten jederzeit für immer wegfliegen können. Dabei wusste ich damals schon, dass ganz in der Nähe, unter der Erde, meine Schwester in ihrem Sarg schlief.

Ihr Zimmer war in eine Art *boudoir* verwandelt worden, und wir nutzten es zum Fernsehen, meistens ohne ein Wort zu sagen. Hin und wieder durchzuckte mich ein elektrischer Schlag. Sie hatte hier gelebt, geträumt, und es war keine Spur mehr von ihr übrig. Verschwunden. Schweigen.

Als Kind versuchte ich immer, in Büchern, Häusern, Gemälden und Muscheln an der Oberfläche der Dinge zu kratzen, um herauszufinden, was darunter schlummerte. Denn natürlich musste es unter dieser Welt eine andere geben, die sich den Blicken entzog und behutsam freigelegt werden musste, wie man mit einem feinen Pinsel die zerbrechlichen Überreste vergrabener Städte freilegt.

Lange schon hat Emily den Garten, das Haus nicht mehr verlassen, am Ende verbringt sie fast den ganzen Tag in ihrem Zimmer. Wenn ein Besucher kommt, empfängt sie ihn manchmal, aber nur hinter einer Wand. Dann setzt er sich auf einen Stuhl in einem verlassenen Zimmer, sie setzt sich auf die andere Seite, und beide sprechen mit der Wand.

Besucher sind selten, noch seltener sind solche, die wiederkommen. Niemand geht gern zur Beichte; dabei verleitet die seltsame Intimität mit einer Abwesenden mehr als einen dazu, Gedanken laut auszusprechen, von denen er nicht einmal ahnt, dass er sie hat. Beschämt zieht er davon, mit dem vagen Gefühl, betrogen worden zu sein, ohne zu wissen, von wem.

Damit man ihr vergibt, verschenkt Emily Kleinigkeiten, die auch von einem Kind stammen könnten: ein Maiglöckchen, eine Rosenknospe, eine ganz weiße Kleeblüte, manchmal einige Gedichtbände – oder ein goldenes Sherryglas.

Auch nachdem sie das Haus nicht mehr verlässt, vernachlässigt sie den Garten trotzdem nicht; sie nimmt ihn in ihr Zimmer mit, dort blüht er ab diesem Zeitpunkt. Wie anmaßend, darüber zu staunen, dass Emily lieber unter Blumen als unter Menschen lebt.

Man wundert sich über ihre letzten, in der Einsamkeit verbrachten Jahre wie über eine übermenschliche Leistung, und dabei, ich wiederhole mich, müsste man staunen, dass nicht mehr Schriftsteller sich in aller Ruhe zurückziehen und schreiben. Ist das Tollhaus des gewöhnlichen Lebens mit seinen nicht enden wollenden Banalitäten und Pflichten nicht viel übermenschlicher? Warum sind wir überrascht, wenn jemand, der vorwiegend in Büchern lebt, ihnen freiwillig den Umgang mit seinen Mitmenschen opfert? Man muss schon sehr selbstherrlich sein, um von morgens bis abends Zeit mit seinesgleichen verbringen zu wollen.

Am liebsten hätte sie, wie mit vierzehn Jahren, ein Buch nur aus Blumen gemacht. Aber heute lebt sie in einem weißen Garten. Sie pinnt die Wörter aufs Papier wie Schmetterlinge. Ihre Feder kratzt wie ein Vogel. Ihre Gedichte sind zu mehr als der Hälfte Meisen. In der anderen Hälfte tummeln sich Astern, die feurige Brust der Sonnenuntergänge, die weite Tasche der Unendlichkeit, die unzähligen Scharen aus der Bibel, die an ihrem Bett schläft.

I dwell in Possibility –
A fairer House than Prose –
More numerous of Windows –
Superior – for Doors –

175

Den Jahren und den Verwandten und Verlegern, die nach Emilys Tod ihren Besitz aussortierten, überlebten drei lange Briefe an einen anonymen Meister. Waren es die Entwürfe von drei hektisch und wie atemlos verfassten Episteln, die ihren Empfänger erreichten, oder hatte Emily sie zwar geschrieben, aber beschlossen, die Briefe lieber für sich zu behalten? Oder wurden sie in dem Wissen geschrieben, dass sie nicht abgeschickt würden, nicht an eine reale Person gerichtet waren? Wie bei allem anderen sind auch hier die Indizien spärlich und derart schwach, dass jeder sich die für ihn zufriedenstellendste Erklärung aussuchen darf. Für mich gibt es den Meister nicht.

Sie hätte ihn erfinden wollen, es gelang nicht, und das hat sie ihm nie verziehen.

Als ihre Schubladen schließlich überquellen von losen Gedichten – Zimt, Schokolade, Saatgut, Mehl und Zucker –, macht Emily sich daran, sie in kleine Bände zusammenzufassen. Erst breitet sie sie auf dem Schreibtisch aus, um alle nebeneinander zu sehen. Nicht lange, und er ist über und über bedeckt. Sie steht auf, legt einige Gedichte auf den Stuhl, dann auf den Kaminsims und zu guter Letzt auf den Boden, mit etwas Abstand dazwischen, wie die Teile eines riesigen Puzzles.

Die Gedichte füllen das ganze Zimmer. Um keins zu zerknittern, muss sie sich ihren Weg behutsam zwischen den abgerissenen Papierstücken bahnen, auf Zehenspitzen gehen wie über einen gefrorenen Teich, dessen Eisdecke jeden Moment unter ihrem Gewicht nachgeben könnte.

Als alle Texte ausgebreitet sind, bleibt sie stehen, mustert sie. Was, wenn ein Windstoß – oder ein Funke?

Sie bückt sich, hebt auf gut Glück ein Gedicht auf, sucht ihm einen Bruder oder einen Cousin. Der ist am anderen Ende des Zimmers. Sehr gut, jetzt hält sie zwei in den Fingern. Schwieriger ist es, ein drittes zu finden, das sich mit dem zweiten verbinden, aber auch auf ein vertrauliches Gespräch mit dem ersten einlassen will. Natürlich wird es immer mühsamer, und als Emily nach zwei Stunden einen Stoß mit rund fünfzehn Gedichten beisammenhat, dreht sich ihr der Kopf, als hätte sie zu viel Portwein getrunken. Sorgfältig legt sie die übrigen Gedichte auf einen Haufen und vertagt die Angelegenheit auf morgen.

Über Nacht ist es noch komplizierter geworden, denn inzwischen fehlen die eloquentesten, gefälligsten Texte, die wie entgegenkommende Gäste auf einer Abendveranstaltung gern Umgang mit den anderen haben und in deren Gesellschaft alle aufblühen. Je länger sie weitermacht, desto störrischer werden die verbleibenden Texte, stachelig wie Kastanien, und widersetzen sich jedem Kontakt mit ihresgleichen. Bald ist sie nur noch von Gedichten umgeben, die ihr ähneln – ein Häufchen Einzelgänger.

Eine Woche später gibt sie sich geschlagen: Die mühsam geschaffenen Verbindungen müssen wieder gelöst werden, sie muss von vorn anfangen und tut es auch. Wieder vergehen Wochen, Monate. Sie braucht fast ein Jahr, bis alle ihre Gedichte eine Familie und ein Zuhause gefunden haben.

*

Sie fasst sie zu Faszikeln von einigen Dutzend Seiten zusammen. Dann borgt sie sich Lavinias Nähkästchen, fädelt einen Faden in die Nadel, greift zum silbernen Fingerhut und näht sehr sorgfältig, Stich für Stich, die kleinen Unikate zusammen.

Aber das Wort *Faszikel*, wie man ihre schmalen, im stillen Kämmerlein zusammengestellten Manuskripte noch heute nennt, bezeichnete in erster Linie, in der Pharmazie, »die Menge Pflanzen, die sich mit einem in die Hüfte gestemmten Arm umfassen lässt; man schätzt sie auf zwölf Handvoll«.

Bevor er zum Buch wurde, war der Faszikel ein Armvoll Pflanzen zum Heilen.

Einem Brieffreund, der eines Tages fragt, woran sie Lyrik erkenne, antwortet sie:

»Wenn ich ein Buch lese und dabei mein ganzer Körper so kalt wird, dass kein Feuer mich wärmen kann, weiß ich, das ist Dichtung. Und später: Wenn ich körperlich das Gefühl habe, als würde mir der Schädel entfernt, weiß ich, das ist Dichtung. Nur auf diese Weise kann ich es wissen. Gibt es eine andere?«

Wo Leonard Cohen hundertfünfzig Jahre später von Asche sprechen sollte, spricht Emily von Eis. In beiden Fällen ist das Gedicht die Kehrseite von Feuer.

*

Der Tod lebt in allen Gedichten, und nicht nur der Tod, auch das Sterben, der Letzte Augenblick, schwebend wie die Reime ihrer Verse – wie jene Schneeflocken im Sturm, die aussehen, als würden sie auf halbem Weg wieder zum Himmel aufsteigen, weil ihnen die Wolken jetzt schon fehlen; wie die Zeit, die bei Sonnenuntergängen im Juni stehen bleibt; wie der Erhängte, der fahl an seinem Strick baumelt.

Schlag auf Schlag, innerhalb knapp eines Jahres, legt sich erst Vater auf den Friedhof schlafen, kurz darauf gesellt sich Mutter zu ihm. Lavinia und Emily sind nun allein in dem großen Haus, Erstere mit ihren Katzen, Letztere mit ihrem Hund. Sie haben eine Hausangestellte, Margaret – ohne Haustier.

Nach dem Tod ihres Vaters besucht Emily sein Grab kein einziges Mal. Man kann seine Verstorbenen überall beweinen – aber Emily weint nicht. Eines Tages, als eine Freundin auf den Friedhof geht und im Gras in der Nähe des Grabsteins ein vierblättriges Kleeblatt findet, schenkt sie es Emily. Die nimmt das Geschenk ernst entgegen, mustert das kleine grüne Kreuz noch lange, nachdem die Besucherin wieder gegangen ist. Dann legt sie das Kleeblatt zum Trocknen in Shakespeares Gesamtwerk, in dem bereits ein Dutzend anderer sind – ihr kleiner, persönlicher Friedhof.

Es heißt, sie habe zu jener Zeit, kurz vor ihrem fünfzigsten Geburtstag, eine große Liebe gekannt, vielleicht die einzige in ihrem Leben. Tatsächlich macht Richter Otis Phillips Lord, ein langjähriger Freund ihres Vaters, fünfzehn Jahre älter als sie, ihr hartnäckig den Hof, sie antwortet ihm mit gefühlvollen Briefen. Ist bei ihnen wirklich die Rede von einer Hochzeit? Ist Emily wirklich drauf und dran, Amherst zu verlassen und nach Salem zu ziehen, in das Land ihrer Cousinen, der Hexen? Oder ist es ein letzter Versuch, sich eine Papierstadt zu erfinden? Von ihrer romantischen Liebe gibt es kaum mehr Spuren – Emilys und seine Korrespondenz wurde vernichtet, es sind nur noch einige erste Briefentwürfe da und die Geschichten, die in beiden Familien im Laufe der Generationen die Runde gemacht haben. Der Verlobte stirbt, bevor die Ehe zelebriert, geschweige denn vollzogen werden kann, sie ist nicht einmal bekanntgegeben worden. Emily wurde nie Witwe.

In ihrem Alter kennt man mehr Tote als Lebende. Sophia, Vater, Mutter, Gilbert mit den weißblonden Locken – alle liegen unter dem grünen Gras. Doch sosehr die Erde sich entvölkert, der Himmel scheint trotzdem leer.

Dabei sitzen Vater und Mutter zweifellos an einem langen Himmelstisch, wie immer mit strenger Miene, und erwarten ihre Kinder – wieder einmal sind sie zu spät.

Seit ein paar Tagen hört sie Glockengeläut, sobald sie den Kopf aufs Kissen legt. Nach einem Leben voller Gotteszweifel hat sie jetzt eine Kathedrale im Kopf.

Sie fühlt sich von jeher verfolgt. Als Kind hat sie sich auf die Klavierbank gesetzt, die Beine baumeln lassen, als Lockmittel ein paar Takte gespielt, sich dann rasch umgedreht. Der Andere zeigte sich nicht. Auf ihren Spaziergängen im Garten blieb sie einen Augenblick dicht vor einem Baum stehen, schmiegte sich an den Stamm, schaute dann zu dem Weg zurück, über den sie gekommen war. Immer noch kein Anderer.

Er geht hinter Emily im Schatten der Häuser durch die Straße; folgt ihr bis in den Keller, wenn sie Kartoffeln holt. Er setzt sich an ihre Seite ins lauwarme Badewasser, legt sich an ihre Seite zwischen die Baumwolllaken, beide lesen dieselbe Seite desselben Buches. Es hat auch sein Gutes: Emily ist nie allein.

Sie stehen zusammen am Fenster. Es ist eine mond-
lose Nacht, aber die Sterne funkeln so hell, dass
sie das Gefühl hat, sie mit einer Lupe anzusehen.
Die Himmelskörper bilden vertraute Zeichnungen –
eine Landkarte mit Bächen und Flüssen, Städten und
Wüsten. Irgendwo da oben, am Ende eines weißen
Kieswegs, strahlt Linden.

Zusammen fliegen sie davon, Emily und ihr Tod. Es
ist der Monat Mai.

Auf Emily Dickinsons Sterbeurkunde, neben dem
Wort: *occupation*, steht in akkurater Schrift: *At home*.

Linden

Linden ist ein grüner und goldblonder Ort – Honig und Klee.

In einem Häuschen mit offenen Vorhängen leben Sophia und Gilbert, für immer fünfzehn und acht Jahre alt. Zum Frühstück gibt es Lebkuchenmännchen mit warmer Milch.

Die Hunde laufen frei durch die Straßen, alle Hunde, die je geliebt wurden und gestorben sind. Das Meer ist ganz in der Nähe, man hört es, sieht es aber nicht.

In Linden kommt Emily aus ihrem Zimmer, steigt die Treppe hinunter, tritt über die Schwelle ihres Papierhauses und geht auf die Straße, in der Mittagssonne, in einem scharlachroten Kleid.

Danksagung

Die Idee, die Bevölkerung von Amherst mit der von Chicago zu vergleichen (allerdings zu einem anderen Zeitpunkt) stammt von Roger Lundin, dessen Buch *Emily Dickinson and the Art of Belief* mir auch als Quelle für bestimmte Episoden im Leben der Dichterin gedient hat. Andere Momente stammen aus *The Life of Emily Dickinson* von Richard B. Sewall und von Episoden, die Emily Dickinson selbst in ihrer Korrespondenz beschrieben hat; weitere entspringen meiner Fantasie. Umso besser, wenn man es nicht allzu deutlich unterscheiden kann.

*

Danke an Nadine Bismuth, meine erste Leserin, und an François Ricard für seinen Rat und die wertvollen Kommentare zum Manuskript. Danke an Antoine Tanguay für sein Vertrauen und seine Freundschaft in den letzten zehn Jahren. Danke an Rafaële Germain für ihren Hinweis auf Eulenparlamente und Kaleidoskope von Schmetterlingen.

Die kanadische Originalausgabe erschien 2018 unter dem Titel
»Les Villes de Papier« bei Éditions Alto, Québec.

Sollte diese Publikation Links und Webseiten Dritter enthalten,
so übernehmen wir für deren Inhalte keine Haftung, da wir uns
diese nicht zu eigen machen, sondern lediglich auf deren Stand
zum Zeitpunkt der Erstveröffentlichung verweisen.

Penguin Random House Verlagsgruppe FSC® N001967

1. Auflage

Copyright © 2018 Dominique Fortier and Éditions Alto
This edition is published by arrangement with Éditions Alto in
conjunction with its duly appointed agent BAM agency, Paris,
France. All rights reserved
Copyright © der deutschen Ausgabe 2022

Luchterhand Literaturverlag, München,
in der Penguin Random House Verlagsgruppe GmbH,
Neumarkter Str. 28, 81673 München
Umschlaggestaltung buxdesign / Ruth Botzenhardt
unter Verwendung eines Motivs von © Elizabeth Gilbert
Autorenfoto: © Frédérick Duchesne
Satz: Buch-Werkstatt GmbH, Bad Aibling
Druck und Einband: Friedrich Pustet, Regensburg

Alle Rechte vorbehalten.
Printed in Germany

ISBN 978-3-630-87696-2

www.luchterhand-literaturverlag.de
www.facebook.com/luchterhandverlag
www.twitter.com/luchterhandlit